Leif Esper Andersen
Überfall der Wikinger

Der Autor:

Leif Esper Andersen wurde 1940 in Dänemark geboren. Er war Lehrer, Maler und Bildhauer. 1978 starb er allzu früh, erst 38jährig. In den letzten Jahren seines Lebens schrieb er eine Reihe von Jugendbüchern. Sein erstes Buch ›Hexenfieber‹, dtv junior 7363, erhielt gleich mehrere Auszeichnungen. Nachdem es den Jugendbuchpreis des Dänischen Lehrerverbandes erhalten hatte, kam es auf die Ehrenliste zum Hans-Christian-Andersen-Preis und stand in der Auswahlliste zum Deutschen Jugendliteraturpreis. Auch ›Überfall der Wikinger‹ kam in die Auswahlliste.

Leif Esper Andersen

Überfall der Wikinger

Deutscher
Taschenbuch
Verlag

dtv

Berechtigte Übersetzung aus dem Dänischen
von Gerda Neumann

Titel der Originalausgabe: ›Trael og fri‹, erschienen 1979
bei Gyldendal, Kopenhagen

Von Leif Esper Andersen ist außerdem bei dtv junior lieferbar:
Hexenfieber, Band 7363

Ungekürzte Ausgabe
Februar 1985
5. Auflage Mai 1992
Deutscher Taschenbuch Verlag GmbH & Co. KG, München

ISBN 3-545-32198-3
Umschlaggestaltung: Celestino Piatti
Umschlagbild: Reinhard Michl
Gesetzt aus der Aldus 10,5/11,5'
Gesamtherstellung: Ebner Ulm
Printed in Germany · ISBN 3-423-70051-3

1

Der Mond näherte sich den Hügeln im Westen, und das bleiche Licht der Sommernacht begann zu schwinden. Bald würde es für ein paar Stunden dunkel sein, bevor die Sonne im Nordosten ihren ersten blassen Schein ankündigte.

Drinnen auf der Pritsche lag Arn und warf sich im Schlaf hin und her. Die Sonne hatte den ganzen Tag gebrannt, und im Haus war es unerträglich heiß, obwohl das Abzugsloch für den Rauch offen war und die Tür weit geöffnet stand. Er war nackt und hatte die Felldecke fortgestoßen. Hin und wieder murmelte er etwas im Schlaf. Sein Haar, das die Farbe von versengtem Gras hatte, war schweißnaß.

Von den anderen Schlafpritschen ringsumher ertönten Schlafgeräusche, fast alle kamen von Frauen und Kindern. Nur ein einziger Mann schlief hinten in einer Ecke: Finn, Arns Großvater. Er war seit vielen Jahren schon zu alt, um mit den anderen auf Wikingerfahrt zu gehen. Er war zu alt und Arn mit seinen vierzehn Jahren zu jung.

Unten, in einer der Sklavenhütten, schlief Asche. Er war gleichaltrig mit Arn, aber sonst hatten die beiden Jungen nicht viel gemeinsam. Er schlief auf einer Matte aus geflochtener Weidenrinde. Er schlief in den Lumpen, die er tagsüber getragen hatte. Um ihn herum lagen seine Eltern und Geschwister. Eigentlich hieß er gar nicht Asche, aber als die Männer dieser Siedlung ihn und seine Familie vor fünf Jahren von einem Wikingerzug mit heimgebracht hatten, war sein Name so schwierig und fremdartig, daß ihn keiner aussprechen konnte. Da er schwarzhaarig und dunkelhäutig war, fand irgendeiner, daß er einem angebrannten Stück Holz ähnelte. Aus Spaß nannten sie ihn Asche.

Der Name war an ihm hängengeblieben, und nun war er gut genug für ihn. Wer meinte denn, daß es irgendeine Bedeutung hätte, wie ein Sklave hieß? Der hatte nur zu gehorchen und die Arbeit auszuführen, die ihm aufgetragen wurde.

Das Schiff draußen im Fjord kam näher. Der Drachenkopf mit dem aufgesperrten Rachen ragte hoch über den Bug, und das Segel war heruntergelassen, denn es gab keinen Wind. Die Männer ruderten, und um die Ruder waren Fellappen gewickelt, damit das Knirschen die Bewohner der Siedlung nicht weckte.

Das Schiff hatte seine eigene Siedlung im Frühjahr verlassen und war gen Süden, der Sonne und dem Reichtum entgegengesegelt. Aber die Männer hatten kein Glück gehabt. Sie hatten an mehreren Stellen angelegt, doch jedes Mal waren die Leute daheim gewesen, Leute, die entschlossen waren, das zu verteidigen, was ihnen gehörte. Ja, mehrmals waren die Männer sogar gezwungen, die Nahrungsmittel zu kaufen, die sie brauchten. Es war eine richtig mißglückte Fahrt, und schließlich segelten sie mißmutig wieder nach Norden heim, mit leereren Händen als bei der Ausfahrt.

Aber mit einem leeren Schiff zurückkehren, das war einfach unmöglich! Also mußte eine heimische Siedlung daran glauben. Große Reichtümer waren hier wohl nicht zu erwarten, aber ein paar Frauen und Kinder und etliche Sklaven würde man jederzeit aufsammeln können, und in den Häusern gab's wohl auch irgend etwas, was sich mitzunehmen lohnte.

Diese Siedlung hier hatten sie durch Zufall entdeckt. Ein paar Männer waren den ganzen Tag an Land gewesen und hatten herumspioniert, und die hatten die Siedlung vom Wald aus gesichtet. Sie hatten sie lange im Auge behalten und außer ein paar alten Männern und Sklaven nur Frauen und Kinder zu Gesicht bekommen. Die Männer mußten demnach auf Wikingerfahrt sein, und das Ganze schien ein einfaches Unternehmen zu werden.

Der Mond war untergegangen, und es war ganz dunkel. Die Männer griffen nun fester in die Ruder, aber auf dem Schiff war es immer noch vollkommen ruhig. Aus dem Laderaum reichte ein Mann Fackeln hinauf. Die würden sie brauchen, wenn sie die Häuser durchsuchten.

Ringsherum auf dem Schiff standen die Männer und redeten miteinander. Sie waren zwar aufgeregt, dachten aber daran, daß sie flüstern mußten. Viele Reisen hatten sie gelehrt, daß Geräusche weit übers Wasser getragen werden. Einer untersuchte immer wieder die Schneide seiner Axt, aber er war auch noch jung.

Sie steuerten auf das Dach der Halle zu, das über die Anhöhen am Ufer hinausragte und etwas dunkler war als der Himmel. Hoch aufgerichtet stand der Steuermann achtern, das große Steuerruder in den Händen, und die Ruderschläge klangen wie weiches Tropfen in der Dunkelheit. Ein leichtes Schaben am Schiffsboden zeigte an, daß sie angekommen waren. Ein leises Kommando vom Steuermann erklang, und die Männer legten die Ruder auf. Es war nicht zweckmäßig, das Schiff fest im Sand auflaufen zu lassen; falls ihnen ein Mißgeschick zustieß, mußte man so schnell wie möglich fortkommen. Der Anker wurde ausgeworfen, und langsam und vorsichtig ließen sich die Männer ins Wasser gleiten. Die Äxte und die Schwerter trugen sie hoch über den Köpfen, aber die Schilde hatten sie an Bord zurückgelassen. Frauen und Kinder sind für waffentragende Männer selten gefährlich. Als sie an Land kamen, versammelten sie sich und gingen gemeinsam den Hügel hinauf. Sie kannten dies alles von so vielen früheren Unternehmungen: Sobald der Anführer den Kampfruf ausstieß, würden sie angreifen.

Wenn die Tür nicht offengestanden und wenn er nicht so unruhig geschlafen hätte, hätte Arn sicherlich den Ruf nicht gehört, denn der erklang nicht gerade laut. Nun wachte er auf, aber er wußte nicht, warum. Er war verwirrt und schläfrig, und erst als er Laufschritte hörte, wurde ihm klar, daß da etwas faul war.

»Wacht auf! *Da kommt jemand!*« konnte er gerade noch rufen. Dann rollte er sich von der Pritsche und versteckte sich darunter, dicht an die Wand gepreßt. Einen Augenblick später stand der erste Mann an der Tür.

Die anderen kamen gleich hinterher. Arn konnte im etwas helleren Viereck des Türrahmens ihre Gestalten erkennen, als sie hereindrängten. Die Frauen und die Kinder waren aufgewacht, und der ganze Raum quoll nur so über von Getümmel, Schreien und Rufen. Die Kinder weinten, aber nur wenige hörten es.

»Los, laßt uns Licht machen, damit wir sehen, was wir machen!« rief einer. »Sucht die Feuerstelle und setzt ein paar Fackeln in Brand!«

Ein Tongefäß flog auf den Fußboden und zersprang krachend, und dann stocherte jemand in der Asche an der Feuerstelle herum. Angefachte Glut leuchtete, und leichtes Pusten genügte, um die Pechfackeln zu entflammen. Einen Augenblick später schon flackerte es ringsherum hell im Raum auf. Die Frauen waren von ihren Pritschen hochgefahren und versuchten ihre Kinder zu beschützen, aber diese wurden ihnen entrissen. Die Männer waren so verrückt, wie Männer in einem Haufen nur sein können. Ein zweites Gefäß kollerte auf den Boden, und es war, als brächte der Krach, mit dem es zerbrach, die Männer dazu, Amok zu laufen. Alles mußte zerstört, zerschmettert, geschändet werden. Die Kinder waren in die Ecken gedrängt worden, wo sie weinend ihre Köpfe in den Armen verbargen. Einige, die trotzdem versuchten, sich ihren Müttern zu nähern, wurden mit Fußtritten fortgeschleudert.

Großvater Finn war beim ersten Getümmel aufgewacht und hatte sich, noch verwirrt, auf den Rand seiner Pritsche gesetzt. Als Licht aufflammte und er entdeckte, was hier vorging, war er aufgestanden und trotz seiner von der Gicht gekrümmten Beine mit einem Fleischmesser auf die Angreifer losgegangen. Er starb, eine Axt zwischen Hals und Schultern. Sklaven in seinem Alter waren wertlos.

Arn lag unter seiner Pritsche und zitterte. Noch hatte ihn keiner entdeckt, aber es war nur eine Frage der Zeit, wann die Pritsche umgestülpt wurde. Seine einzige Chance zu entkommen war die, an dem Mann in der Tür vorbei zu fliehen. Da tauchte noch ein Mann in der Tür auf und rief laut: »Seht zu, daß ihr fertig werdet! Fesselt die Weiber und bringt sie hinunter zum Schiff! Die Kinder werden wohl von selber mitkommen. Und nehmt alles mit! Es müssen Waffen da sein und vielleicht etwas Silber.«

Dann ging er, und der andere, der die ganze Zeit in der Tür gestanden hatte, kam in den Raum, um seinen Teil zu fordern. Das nutzte Arn aus. Mit einem Sprung war er aus seinem Versteck und zur Tür hinaus. Nackt und mit leeren Händen lief er über den freien Platz und versteckte sich im Wald.

Die Sklavenhütten lagen etwas entfernt von den großen Häusern, deswegen dauerte es eine Weile, bis die Fremden sie fanden. Der Lärm war gewaltig, und Asche hatte ihn wohl gehört, aber sich nichts daraus gemacht. Krawall zwischen Freien ging die Sklaven nichts an. Und schlaftrunken, wie er war, dachte er nicht daran, daß doch gar nicht genügend Männer in der Siedlung waren, die soviel Krach machen konnten. Erst als er aufgeregte Stimmen und Laufschritte hörte, erwachte er richtig. So etwas hatte er schon einmal erlebt. Wo? Wo nur?

Plötzlich fiel es ihm ein: Daheim! Vor fünf Jahren! In einer ebenso schönen Sommernacht wie dieser! Mit einem lauten Ruf fuhr er von seinem Rindenlager hoch und kroch durch das Loch in der Hüttenwand hinaus. Wie ein Tier schlüpfte er zwischen die Bäume des Waldes.

In dem Augenblick, als er sich unter den ersten Zweig bückte, warf der junge Mann, der während der Nacht seine Axt immer wieder geprüft hatte, seine Fackel auf das Strohdach eines der großen Häuser. Hinterher konnte er zwar auch nicht mehr erklären, warum er es getan hatte, aber es wirkte ansteckend. Die Fackeln hagelten nur so auf die Dächer der großen Häuser, und bald war der ganze Wohnplatz ein einziger riesiger Scheiterhaufen.

Der Ordnung halber wurden auch die Hütten der Sklaven abgebrannt.

2

Sie entdeckten einander am nächsten Morgen.

Asche hatte lange am Waldrand gelegen und den brennenden Wohnplatz beobachtet. Er hatte die dunklen Gestalten zwischen den Flammen herumlaufen sehen, und er hatte den Rauch gerochen. Er war so nahe bei den Sklavenhütten, daß er undeutlich hatte erkennen können, wie seine Eltern und Geschwister fortgeführt und dann die Hütten in Brand gesteckt wurden.

Er hätte gerne laut gerufen, aber er ließ es lieber doch sein. So war es nach und nach leer und still auf dem Platz geworden, und nur die Glut des riesigen Scheiterhaufens hatte böse und rot geleuchtet, aber auch gemütlich – wie eine gewaltige Feuerstelle in einem großen, dunklen Loch.

Als es wieder hell wurde, ging er durch den Wald hinunter zum Strand. Das Schiff war fort. Er konnte es noch als einen Punkt weit draußen vor dem Fjord auf dem Wege zum Meer erkennen. Er dachte an seine Eltern und Geschwister und an die anderen Sklaven. Für diese würde es nur ein neues Sklavendasein an einer anderen Stelle werden. Dann dachte er an die Frauen und die Kinder aus den großen Häusern. Deren Sklavenzeit hatte soeben begonnen.

Er ging durch den Wald zurück. Eigentlich hätte er ebensogut über den Wohnplatz gehen können, aber er hatte keine Lust. Was sollte er denn dort? Nun ja, er mußte wohl trotzdem die Ruinen untersuchen. Er mußte sich ja jetzt allein durchbringen, und natürlich konnten ihm kleine Dinge nützlich sein. Er hatte schon mit Genugtuung gesehen, daß die kleinen Boote dort lagen, wo sie immer vertäut waren. Und ein Boot konnte er gut gebrauchen. Waffen für die Jagd mußte er sich auch beschaffen. Nicht, daß es hier soviel zu jagen gab. Aber irgend etwas gab es bestimmt, und das bedeutete, etwas zu essen.

Als er zurück an die Stelle kam, an der er nachts gelegen hatte, ging er noch ein wenig weiter, um einen passenden Platz für eine Hütte zu suchen. Dort fand er Arn. Er lag zwischen Himbeerbüschen, neben einer Baumwurzel, auf dem Bauch, das Gesicht in den Armen verborgen. So hatte er die ganze Nacht verbracht, während er in Gedanken immer wieder all das Schreckliche durchlebte, was geschehen war. Er hatte geweint.

Asche fühlte sich unsicher. Arn hatte ihn noch nicht entdeckt, und er war ein freier Mann, oder wenigstens der Sohn eines Freien. Und mit einem freien Mann sprach man nicht, bevor man gefragt wurde. Er blieb stehen und schaute auf die Gestalt zwischen den Himbeerbüschen.

Dann räusperte er sich. Arn rollte sich mit einem Ruck herum und starrte ihn mit glasigen, ängstlichen Augen an.

»Nein . . . ich will nicht! . . . Was willst du? Ach so, du bist's nur! Wo kommst du her?«

»Ich hab mich in der Nacht weggeschlichen, als sie kamen. Ich hab geglaubt, ich wäre hier ganz allein.«

»Das hab ich auch gedacht. Glaubst du, daß sie fort sind?«

»Ja, das weiß ich. Ich bin unten am Fjord gewesen und hab sie weit draußen gesehen. Sie waren auf dem Weg zum Meer.«

»Aha!« Arn setzte sich auf und trocknete sein Gesicht mit den Armen. »Es ist gut, daß du hier bist. Es gehört sich für einen Freien, einen Sklaven zu haben. Ich bin hungrig. Du mußt mir was zu essen verschaffen!«

Asche war zumute, als hätte ihn jemand geschlagen. Er hatte sich gefreut, als er einen anderen Menschen entdeckte, noch dazu einen gleichaltrigen, und nun wurde er gleich wieder an seinen Sklavenstand erinnert! Irgendwie fühlte er, daß die Verhältnisse, ihr gemeinsames Schicksal, alles verändert hatten. Er wurde wütend darüber, daß Arn einfach nichts aus dem gelernt hatte, was letzte Nacht passiert war.

»Wie soll ich dir etwas beschaffen?« fragte er plötzlich trotzig. »Die ganze Siedlung ist niedergebrannt, ebenso die Vorratshäuser, und ich habe keine Waffe zum Jagen.«

»Das ist deine Sache. Ich brauche auch was zum Anziehen. Ich hab die ganze Nacht gefroren. Oder jedenfalls gegen Morgen«, fügte Arn hinzu.

»Dann spring nur herum und wedle mit den Armen. Das machen wir in den Sklavenhütten immer im Winter, wenn die Kälte zu schlimm wird – und das hilft!«

»Für Sklaven mag das vielleicht gut genug sein, aber für Freie ist das nichts! Geh nun und besorg was zu essen! Ich hab Hunger. Aber beeil dich!«

Langsam ging Asche hinüber zum Wohnplatz.

Arn zog sich am Stamm hoch und sog die Sonnenwärme in sich ein, die zwischen den Blättern der Eiche hindurchsickerte. Die Sonne und die Tatsache, daß Asche aufgetaucht war, hatten seine Stimmung gehoben. Asche. Er kannte ihn kaum, auch wenn sie seit fünf Jahren in der gleichen Siedlung lebten. Natürlich hatte er ihn oft gesehen, täglich, aber er hatte nie mit ihm gesprochen. Mit Sklaven sprach man nicht, man befahl ihnen. So hatte er es von klein auf gelernt, und so war es bis zum heutigen Tag.

Er war sich nicht ganz im klaren darüber, wieviel sich dadurch verändert hatte, daß sie nur noch zu zweit waren. Natürlich war es Asche, der sich die Arbeit mit dem Bau einer neuen Hütte machen mußte – denn eine Hütte mußten sie haben – und der für Nahrung zu sorgen hatte. Aber was sonst? Natürlich würde es nicht anders gehen, als daß sie miteinander redeten; es wäre ja auch langweilig, wenn sie es nicht täten. Aber konnte er mit einem Sklaven in der gleichen Hütte schlafen? Oder sollte Asche draußen schlafen? Und wie war es mit dem gemeinsamen Essen? Sollte der Sklave das gleiche essen wie der Herr? Es gab viele Dinge, die man zu entscheiden hatte, und er würde wohl genug zu tun bekommen.

Asche ging hinauf zum abgebrannten Wohnplatz. Wie sollte er auf einer leergebrannten Stätte etwas zu essen finden? Und warum sollte er das tun? Aber noch steckte in ihm das Gefühl, daß er nur zu gehorchen habe.

Er ging suchend hinüber zum größten der Vorratshäuser. Vielleicht konnte er hier etwas unter der Asche finden. Die verkohlten Holzstümpfe waren noch warm, er mußte zusehen, daß er einen Ast fand, mit dem er stochern konnte. An der Stelle, wo sich einst eine Hausecke befunden hatte, waren ein paar Balken übereinandergefallen, die nun einen Hohlraum bildeten. Hier glückte es. Etwas, was einmal ein geräucherter Schinken gewesen war, kam zum Vorschein. Die Schnur, an der er gehangen hatte, mußte verbrannt sein, als das Dach Feuer fing, und so war der Schinken auf die Erde gefallen und mit Asche bedeckt worden. Das Äußere war schwarz und verkohlt, aber als er die Kruste abschälte, kam darunter das Fleisch zum Vorschein. Es schmeckte ganz verräuchert, nicht gut, aber man konnte es essen. Vielleicht war noch mehr davon da, für jetzt reichte es erst einmal. Er biß einen Happen Fleisch ab und knabberte darauf herum. Dann setzte er sich hin und fing an nachzudenken.

Mußte er etwa für einen gleichaltrigen Jungen den Sklaven abgeben? Nein, das war doch nicht möglich! Aber der andere meinte das. Asche mußte ihn also eines Besseren belehren. Aber wie?

Asche war so daran gewöhnt, Sklave zu sein, daß es ihm schwerfiel zu rebellieren. Und was alles würde Arn von ihm verlangen? Er sah die jämmerliche Gestalt, die er zwischen den Himbeeren gefunden hatte, vor sich, und er war sicher, daß er selber der Stärkere war, wenn es zu einer Kraftprobe kam. Aber das konnte er sich nicht richtig vorstellen. Sie mußten, so gut es ging, miteinander zurechtkommen, und deswegen war es nötig, daß sie zusammenarbeiteten. Eine Hütte mußte gebaut, Nahrung beschafft werden.

Wer wurde eigentlich Sklave und wer Herr? Er erinnerte sich nur noch dunkel an die Zeit vor fünf Jahren, als er noch kein Sklave war. Deutlich aber stand wieder jene Nacht vor ihm, als die Fremden kamen und sie gefangennahmen, um sie dann hierherzubringen. Es war also reiner Zufall, wer der Sklave und wer der Herr wurde. War Arn überhaupt ein Herr, und war er selber noch Sklave? War er nicht ebenso frei wie Arn? Der Gedanke machte ihn schwindelig. Plötzlich mußte man um mehr kämpfen als bloß ums Überleben. Er mußte Arn überzeugen. Ihn dazu bringen, das zu verstehen. Und das würde lange dauern.

Er hob den Schinken auf und biß noch einmal davon ab, ehe er aufstand. Dieser Bissen schmeckte besser als der erste, vielleicht hatte er sich auch schon an den Geschmack gewöhnt. Dann ging er hinunter zum Wald, zu Arn.

»Bitte!« sagte er und warf ihm den Schinken zu. »Er schmeckt nicht allzugut, aber du kannst ihn essen, wenn du hungrig bist, und er wird immer besser, je näher du an den Knochen kommst. Ich versuche mal, ob ich einen guten Platz für eine Hütte finde. Wenn's auch am Tage heiß ist, so wird es doch nachts kalt.«

Dann ging er weiter. Arn sah ihm verwirrt nach. Dies war nicht die Unterwürfigkeit, die man von einem Sklaven erwartete. Na ja, der würde auch noch klüger werden – und es war nett, daß er das mit der Hütte übernahm. So brauchte Arn ihm nicht den Befehl zu geben. Etwas später fand Asche, was er suchte: vier junge Eichen, die er als Eckpfosten für eine Hütte verwenden konnte.

Langsam kehrte er zu Arn zurück.

3

Arn saß noch da, wo er die ganze Zeit gesessen hatte. Der Schinken lag neben ihm. Er hatte die schwarze Kruste abgepult, und der Anblick des Fleisches machte Asche so hungrig, daß er sich bückte, um es aufzuheben. Dann fing er an zu essen.

»Halt, halt!« Arn erhob sich halb. »Das ist meiner!«

»Nein!« Asche zerrte ein Stück des trockenen Fleisches mit den Zähnen ab. »Das ist unser Essen. Eigentlich ist es meins, denn ich hab es gefunden.«

Asches Herz pochte. So hatte er noch nie mit dem Sohn eines Freien gesprochen.

»Bist du verrückt geworden, Sklave? Glaubst du, daß es etwas gibt, was dir gehört? Willst du das Fleisch wohl loslassen?«

»Nein«, erwiderte Asche, während er draufloskaute und seine Nägel in die Handfläche grub, um ruhig zu bleiben und sich Mut zu machen. »Ich habe Hunger, und ich kann nicht arbeiten, wenn ich nichts zu essen habe. Zuallererst müssen wir ein Feuer machen. Die großen Balken in der Halle rauchen immer noch. Vielleicht können wir ein paar Funken anfachen und damit ein Feuer in Gang bringen.«

Arn wurde verlegen. Er hatte noch keinen Gedanken daran verschwendet, aber sie mußten natürlich Feuer haben, wenn sie sich Essen machen wollten. Er unterließ es, weiter über das Fleisch zu reden. Vielleicht war es vernünftig, daß Asche etwas zu essen bekam, wenn er den ganzen Tag arbeiten mußte, und es war ja nichts anderes da. Keiner von beiden sagte etwas, während Asche aß. Als er fertig war, steckte er den Rest oben in einen Baum zwischen zwei Äste. Er würde nur noch für diesen Tag reichen. Sie mußten darüber nachdenken, wie sie sich Proviant für morgen beschafften.

Seine Gedanken wurden von Arn unterbrochen.

»Geh hinauf und mach Feuer!« sagte er, und Asche gefiel die Art gar nicht, wie er es sagte. Sollte er sich das Feuer nur selber legen! Ihm war übrigens etwas eingefallen, etwas, das er ausprobieren mußte.

»Du mußt selbst Feuer machen!« sagte er ruhig. »Ich hab etwas anderes zu tun.«

Drohend erhob sich Arn und kniff die Augen zusammen.

»Du nimmst dir allerlei heraus, wenn ich daran denke, daß du ein Sklave bist!«

Asche stand ganz still und schaute Arn prüfend an. Er war sicher, daß er mit ihm fertig würde, wenn es zu einer Schlägerei käme. »Du erlaubst dir noch mehr, wenn ich mir überlege, daß wir versuchen müssen, es gemeinsam zu schaffen.«

Arn sackte ein wenig zusammen. Dann wandte er sich um und blickte in die andere Richtung.

»Sammle einen ordentlichen Haufen trockenes Gras und Zweige«, fuhr Asche fort. »Und such noch ein bißchen Moos, das knochentrocken ist. Wenn du ein bißchen unter den Balken stocherst, kommst du an die Glut und kannst Feuer ins Moos blasen. Ich gehe nun, aber ich komme bald wieder. Und ich hoffe, daß ich etwas mitbringe.«

Dann ging er auf dem Weg, der durch den Wald hinunter zum Strand und dann weiter nach Osten führte. Das Bootshaus war ihm eingefallen. Das hatten die Fremden gewiß nicht gefunden, denn es lag ein wenig abseits. Er war noch nie darin gewesen, aber er hatte zugeschaut, als die Männer davor arbeiteten, damals, als sie das neue Schiff bauten und vielleicht drinnen ihr Werkzeug versteckten. Jeden Winter, ehe sich das Eis über den Fjord legte, wurde das Schiff ins Haus hineingeschleppt, und vielleicht gab es dort manche Dinge, die er und Arn gebrauchen konnten. Es war in der Ufersand eingegraben und bestand eigentlich nur aus einem Dach, das über einem Loch errichtet war.

Er fand einen Stein und schlug den Riegel aus dem Verschluß. Dann öffnete er weit die Tür. Es war stockfinster im Haus, und es roch feucht und modrig darin, aber allmählich gewöhnten sich seine Augen an die Dunkelheit, so daß er ein wenig sehen konnte. Viele Sachen lagen auf beiden Seiten, aber er konnte nicht erkennen, was es war. Großenteils vermutlich Gerümpel. Stückchen für Stückchen mußte er sich vortasten. Er kniete nieder und tastete sich mit den Händen weiter. Hauptsächlich lagen hier Holzstücke und Seilenden, aber in der Mitte entdeckte er ein Stück Tau, das so lang war, daß es ihnen nützen konnte. Dann stießen seine Hände gegen ein Stück Holz, das sich in seiner Form von den anderen unterschied. Es war glatt und rund. Als er es zu sich heranzog, stellte er erfreut fest, daß es sich um einen zerbrochenen Speerschaft handelte. Am anderen Ende saß eine verrostete Spitze. Wenn er den Schaft etwas verkürzte und die Spitze mit einem scharfen Stein bearbeitete, konnte ein ausgezeichnetes Messer daraus werden, und ein Messer brauchten sie unbedingt. Aber im Augenblick wäre ihm eine Axt doch am nützlichsten gewesen.

Er hätte vor Freude laut aufschreien können, als er eine fand. Sie lehnte ganz hinten in der Ecke, zusammen mit ein paar großen Hämmern und einigen Keilen und war dick mit Schweinefett eingeschmiert, damit sie nicht rostete. Es war zwar keine richtige Axt zum Hauen, sondern eher eine zum Schneiden, nützlich für den Schiffsbau. Aber wenn man vorsichtig damit umging, konnte man mit ihr auch Bäume fällen. Sie durften nur nicht zu dick sein.

Auf dem Weg zur Tür erblickte er etwas Langes,

Dunkles, das an der anderen Hauswand lag. Er kniete nieder, um festzustellen, was es war. Es war weich und gleichzeitig hart und fühlte sich feucht an. Er strich mit den Händen darüber. Es fühlte sich an wie eine riesige Wurst. Da merkte er, was es war, und lächelte: ein Segel für ein Schiff. Dies war die Rettung für Arns Nacktheit. Und war er nicht darum gebeten worden, Zeug zu beschaffen? Hier war massenhaft Stoff, genug sowohl für Arn als auch für eine Schlafdecke. Gewiß, das Segel war halb verrottet. Aber wenn es erst einmal tüchtig in der Sonne getrocknet war, konnte es bestimmt verwendet werden. Er packte es fest an und versuchte, es herauszuzerren, doch dann mußte er es aufgeben. Es war schwer. Arn mußte mit anfassen.

Dann nahm er die Axt und den Speer sowie ein paar Stoffetzen und ging zu Arn zurück.

Arn stand erst auf, als Asche zwischen den Bäumen verschwunden war. Er war verwirrt und wußte nicht recht, was er machen sollte. Noch nie hatte er darüber nachgedacht, weshalb die Sklaven einem Befehl gehorchten. Sie taten es einfach. Und nun war da plötzlich einer, dazu noch ein Junge, der es nicht tat. Das war nicht richtig. Es mußten doch Gesetz und Ordnung herrschen. Aber was sollte er machen, wenn Asche sich weiterhin weigerte und tat, was er wollte! Wie konnte er ihn bestrafen? Ihn schlagen? Er fürchtete, daß Asche der Stärkere war, und was geschah, wenn der zurückschlug? Wenn es ihm einfiel, einen Befehl zu verweigern, konnte es ihm wohl auch einfallen, zurückzuschlagen.

Ihm jedenfalls fiel einfach so schnell nichts ein. Langsam fing er an, trockenes Gras herauszurupfen, und auf einer alten, zerfurchten Eiche fand er knochentrockenes Moos. Trockene Äste und Zweige lagen genug auf dem Waldboden herum, und mit einem Arm voller Brennmaterial ging er nun hinüber zu dem, was am Tag zuvor noch eine Siedlung gewesen war.

Es war, wie Asche gesagt hatte. Von den schweren Balken der Halle, die kreuz und quer übereinandergestürzt waren, stiegen ständig feine Rauchsäulen auf. Er mußte es mit der versuchen, die dem Rand am nächsten war, denn die Asche und die Erde waren immer noch heiß, und er hatte nichts, womit er seine Füße schützen konnte. So legte er Gras und Zweige zurecht und nahm ein Grasbüschel in die Hand. Mit einem Stein kratzte er den verkohlten Balken da an, wo am meisten Rauch herauskam. Er legte das Moos darauf. Vorsichtig fing er an zu pusten.

Anfangs kam nur Rauch, und er begann schon zu zweifeln, als plötzlich doch eine kleine weißliche Flamme ins Moos übergriff und rasch aufloderte. Nun brauchte er nur sein Grasbüschel darüber zu schwingen. Ein paar kleinere Holzstücke, die nur halb verbrannt waren, kamen oben aufs Feuer, und bald hatte er einen guten Scheiterhaufen errichtet. Irgendwie war er recht zufrieden mit sich. Er saß immer noch und starrte in die Flammen, als Asche zurückkam.

4

Asche roch den Rauch und steuerte auf Arns Scheiterhaufen zu.

»Das ist gut!« sagte er, als er herankam. »Nun haben wir jedenfalls Feuer. Und sieh mal, was ich gefunden habe«, fuhr er fort, warf ihm die Stoffetzen hin und hielt ihm den geknickten Speer und die Axt entgegen.

»Woher hast du das?« Arn wirkte überrascht. Aber

es lag gleichzeitig etwas Anklagendes, ja fast Drohendes in seiner Stimme.

»Aus dem Bootshaus. Da ist gewiß noch mehr, aber es ist ganz dunkel drinnen, deswegen mußte ich mich vorwärtstasten. Doch nun haben wir ja Feuer und können eine Fackel dorthin mitnehmen.«

»Wieso hast du gewußt, daß der Speer und die Axt im Bootshaus lagen?«

»Wieso ich das wußte? Ich hab es selber nicht geahnt, aber uns hat doch eine Axt zum Bau der Hütte gefehlt, und man braucht ja auch Äxte, wenn man Schiffe baut. Da fiel mir ein, daß vielleicht dort eine liegen könnte.«

»Und was war mit dem Speer? War der vielleicht auch dort?«

»Ja, natürlich! Der lag zwischen einer Masse Abfall. Siehst du nicht, daß man ihn nur zu schleifen und zu verkürzen braucht, und schon haben wir ein tolles Messer?«

»Ich glaub dir nicht. Ich glaube, es ist ein Speer, den du versteckt hattest!«

»Was meinst du?«

»Weißt du etwa nicht, daß Sklaven keine Waffen haben dürfen? Gib mir beides, den Speer und die Axt!«

Asche spürte, wie langsam die Wut in seinem Körper hochstieg und sich in seinem Magen umdrehte. Er hielt die Axt in der einen, den Speer in der anderen Hand so fest, daß ihn die Handflächen schmerzten. Noch immer stand er mit ausgestreckten Fäusten vor Arn. Aber seine Augen lächelten nicht mehr und funkelten auch nicht vergnügt wie vorhin.

»Nimm sie!« fauchte er und rang mühsam nach Atem. »Nimm sie dir doch, wenn du kannst! Und wenn du's wagst!«

Er spürte sein Herz heftig gegen die Rippen hämmern, und er wußte nicht: war er mehr wütend oder mehr erschrocken? Erschrocken darüber, daß er sich widersetzt und einem Freien getrotzt hatte!

Arn blieb auf dem Boden sitzen und starrte Asche an. In seinen Augen lagen Angst und Staunen. Angst, weil er letztlich doch wußte, daß Asche der Stärkere war und außerdem in beiden Händen Waffen trug. Erstaunen, weil er noch nie gehört hatte, daß ein Sklave widersprach oder den Gehorsam verweigerte. Selbst die erwachsenen Sklaven hatten ihm gehorcht, gleichgültig, was er von ihnen verlangte. Aber nun weigerte sich Asche, der noch ein Junge war. Er weigerte sich nicht nur zu gehorchen, er wagte es sogar, ihm zu drohen!

Arn hatte noch nie darüber nachgedacht, warum die Sklaven gehorchten. Das heißt, er wußte natürlich, warum sie es taten. Sie wurden sonst bestraft. Und man bestrafte sie streng! Mit harten Ruten oder mit dem Tode. Aber wie sollte er Asche bestrafen? Er konnte ihn nicht schlagen. Vielleicht könnte er ihn von hinten totschlagen. Aber wer sollte denn dann die Arbeit machen? Er konnte sich ja keinen neuen Sklaven beschaffen, denn sein Vater und die anderen freien Männer würden erst im Herbst heimkehren.

Arn war verwirrt. Er mußte sehen, wie er sich aus dieser Lage befreite, ohne das Gesicht zu verlieren.

»Behalt sie nur«, sagte er und versuchte, seine Stimme so zu beherrschen, daß sie gleichgültig klang. »Du wirst ja doch derjenige sein, der sie braucht, beim Bau der Hütte und beim Beschaffen von Eßwaren.«

Asche sagte nichts, er schaute ihn nur an. Langsam entspannte er sich und richtete sich aus seiner vorgebeugten Haltung auf. Dann drehte er Arn den Rücken zu und ging zum Waldrand, ohne sich auch nur ein einziges Mal umzusehen. Allmählich fing sein Herz wieder an, normal und ruhig zu schlagen, und während die Gedanken in seinem Kopf kreisten, wer nun Sklave blieb und wer Herr und warum, kam er zu den vier jungen Eichbäumen, die er schon vorher zu Eckpfosten für die Hütte ausersehen hatte. Die wenigen Seitenschößlinge, die an den dünnen Stämmen saßen, hatte er schnell abgehauen, aber er hatte viel mit einem fünften Baum zu tun, den er fällen mußte, weil dieser sonst mitten in der Hütte stehen würde. Das Blatt der scharfen Axt erwies sich für diese Arbeit als ungeeignet, und der Eichbaum war hart und zäh. Die ganze Zeit mußte er aufpassen, daß ihm die Axt nicht ausrutschte und daß er sich nicht selbst ins Bein hieb. Schließlich kam er darauf, sich mit dem Rücken gegen den Stamm zu lehnen und zwischen seine eigenen Beine zu hauen, und auf diese Weise hieb er schließlich doch den Baum um.

Der Stumpf bereitete ihm Probleme, und er war sich darüber im klaren, daß es ihn täglich irritieren würde, wenn er weiterhin mitten aus dem Boden der Hütte ragen würde. Aber er überlegte, daß er ihn absengen könnte, indem er Glut rundherum legte. Doch damit mußte er bis später warten. Vorläufig ging es darum, einen Windschutz für die Nacht zu errichten.

Er war es leid, sich mit den Eichen abzugeben, und so nahm er die Axt auf den Nacken und den abgeknickten Speer in die Hand und ging in den Wald hinein, in Richtung auf den Fjord, wo, wie er wußte, einige junge Birken standen. Da fiel ihm ein, daß der Speer ihm nur im Weg sein würde, wenn er die Birkenstämme zurücktrug. Er warf einen Blick hinauf zur abgebrannten Siedlung, wo Arn immer noch saß. Dann ging er um eine alte, tote Eiche herum und verbarg den Speer in einem Astloch. Er mußte zusehen, daß er einen scharfen Feuerstein fand, mit dem er den abgebrochenen Schaft glattschleifen konnte.

Und er mußte einen feinkörnigen Granitstein erwischen, um das Blatt zu schärfen.

Von beiden Steinsorten gab es da unten am Fjord genug. Das war mehr eine Frage der Zeit. Und vorläufig sah es so aus, als bliebe er mit all dem allein.

Aber Arn würde doch wohl klüger werden. Wieviel bequemer wäre es, wenn sie zusammenarbeiteten!

Es war das reinste Vergnügen, die schlanken Birkenstämme zu fällen, nachdem er seine Kräfte an Eichen erprobt hatte! Bald hatte er sechs lange, schlanke Stämme daliegen, und mehr konnte er ja nicht auf einmal schleppen. Es dauerte nicht lange, die dünnen Zweige abzuhauen, und bald befand er sich auf dem Heimweg. Er lächelte vor sich hin, als er entdeckte, daß er die vier Eichenstämme schon als ›daheim‹ ansah. Aber es war der einzige feste Anhaltspunkt, den er besaß.

Mehrmals mußte er die Stämme fallen lassen, während er sich verschnaufte und sich mit dem Unterarm den Schweiß aus dem Gesicht wischte. Es war jetzt Mittag, und die Sonne brannte. Auf halbem Weg fiel ihm das alte Segel ein, das im Bootshaus lag. Dem würde es guttun, in Sonne und Wind zu trocknen. Er ließ die Stämme auf die Erde fallen und lief mit der Axt in der Hand hinunter an den Fjord. Unten am Wasser warf er die Axt aufs Ufer und ging ins Wasser hinein, ohne sich auszuziehen. Er hatte ja auch nicht viel an, und das bißchen würde rasch wieder in der Sonne trocknen.

Sobald er ins Tiefe kam, fing er an zu schwimmen, und das Wasser glitt an seinem Körper entlang. Er schwamm schräg hinüber und stand bald darauf auf der Muschelbank. Das Wasser ging ihm etwas über die Hüften. Er bückte sich und sammelte eine Handvoll Muscheln auf. Die kleinsten konnte er mit den Zähnen durchbeißen, so daß er das Fleisch essen konnte, und er genoß den frischen Geschmack von Blaumuscheln und Salzwasser. Das war Sklavennahrung, aber er mochte sie gern.

Dann zog er sich den Kittel über den Kopf, machte eine Art Beutel daraus und füllte diesen mit Muscheln, während er aufs neue Kurs auf den Strand nahm.

Die Axt war zu klobig, um damit Muschelschalen zu spalten. Ein flacher und ein runder Stein zum Drauflegen und Draufhauen waren dafür viel besser zu gebrauchen. Wenn er es richtig machte, konnte er sich damit begnügen, die eine Schale aufzubrechen und das Fleisch aus der anderen mit den Vorderzähnen herauszukratzen. Er brach einen ganzen Haufen auf einmal auf und aß. Sie füllten den Magen nur langsam, und er mußte, um satt zu werden, eine große Menge verspeisen.

Danach legte er sich in den Sand und ließ sich von der Sonne durch und durch wärmen, ehe er zum Bootshaus ging. Er tastete sich im Dunkeln vor, bis er das zusammengerollte Segel fand, und schleppte es dann hinaus in die Sonne und ins Licht. Es hatte gar nicht auf dem nackten Erdboden gelegen, sondern auf Steinen und war deswegen nicht so verrottet, wie er angenommen hatte.

Er rollte es auf, damit es trocknen konnte, und legte ein paar große Steine auf den Rand, damit es nicht fortgeblasen wurde. Das Segel war groß und in breitem blauweißem Streifenmuster gewebt. Gewiß war es einmal schön gewesen, aber nun war es fleckig und stockig, und an manchen Stellen hatte es Löcher. Doch das machte alles nichts. Es war ein kostbarer Schatz, der ungeahnte Möglichkeiten in sich barg. Einen ganz kurzen Augenblick überlegte Asche, warum man es wohl hierher, ins Bootshaus, gelegt hatte, obwohl es doch nicht mehr als Segel verwendet werden konnte.

Stoff war doch etwas Kostbares! Aber er gab das Nachdenken darüber auf. Hauptsache, es war vorhanden. Es bot genügend Stoff sowohl für Kleidung als auch für Bettdecken, obwohl es natürlich nicht so warm hielt wie richtige Felldecken. Aber es war Sommer, und zusammen mit dem Feuer würde es gegen Regen und Kälte schützen. Und wenn der Winter kam, waren die Männer wieder daheim.

Zufrieden und satt hob Asche die Axt auf und ging zu den Birkenstämmen zurück. Den Zusammenstoß mit Arn hatte er vergessen. Fast.

Arn blieb lange sitzen und rührte sich nicht, nachdem Asche verschwunden war. Erst als er hörte, wie Asche den Eichbaum fällte, kehrten Leben und Bewegung in ihn zurück. Die ganze Welt, in der er aufgewachsen war und gelebt hatte, hatte einen Sprung bekommen. Was war denn noch übrig, wenn die Sklaven den Gehorsam verweigerten? Wenn sie aufsässig wurden? Oder gar zu drohen wagten? Ein freier Mann war zum Herrschen geboren, ein Sklave zum Schweigen und Gehorchen. Er hatte niemals darüber nachgedacht, warum. Er wußte nur, daß es so war. Und das wußte er auch: daß er selbst ein Freier, Asche aber ein Sklave war und daß dies etwas war, was nicht verändert werden konnte.

Oder konnte es?

Er mußte plötzlich an seine Mutter und an seine Schwester denken und an all die anderen Frauen, die in der Nacht verschleppt worden waren. Gerade jetzt befanden sie sich an Bord eines fremden Schiffes. Welches Schicksal erwartete sie, wenn sie dessen Heimathafen erreichten?

Arn wußte ganz genau, was mit den Fremden passiert war, die die Männer seiner eigenen Siedlung von ihren Fahrten in früheren Jahren mitgebracht hatten.

Sie waren von dem Augenblick an Sklaven, als sie ins Land kamen. Auf diese Weise bekam man ja Sklaven, und es war ihm immer so vorgekommen, als wäre das etwas Selbstverständliches. Sklaven – das waren die anderen, die Fremden.

Nun fing er plötzlich an zu zweifeln. Waren sie etwa dort Freie gewesen, wo sie herkamen? War das Ganze Zufall? Waren seine Mutter und seine Schwester auf dem Wege in ein Sklavendasein?

Bisher hatte er geglaubt, das Ganze dauere nur so lange, bis sein Vater heimkam. Dann würde schon alles in Ordnung kommen, der nächtliche Überfall gerächt und die entführten Frauen und Sklaven würden zurückgeholt werden.

Nun meldeten sich Zweifel.

Wo war das Schiff hergekommen? Wie sollten sie die Mutter und die Schwester wiederfinden? Keiner von den Sklaven aus dieser Siedlung war jemals heimgekommen, aber einer war verkauft, andere waren getötet, den Göttern bei den großen Festen geopfert worden.

Er fing plötzlich an zu frösteln, obwohl er doch mitten im Sonnenschein am Feuer saß. Er schüttelte sich, als wäre er naß geworden, und verjagte die traurigen Gedanken aus seinem Kopf. All das mußte später geklärt werden. Im Augenblick hieß das Problem Asche. Wie würde er ihn sich gefügig machen können? Wie ihn dazu bringen zu gehorchen, so daß er, Arn, der Sohn des Häuptlings, sein Recht bekam? Wäre nur sein Vater hier, dann hätte er Macht! Oder wenn sie nur zu zweit wären!

Und Asche hatte Waffen. Auch das war ganz verkehrt. Aber nun hatte er sie einmal, und Arn hatte es nicht gewagt, sie ihm abzunehmen, als Asche ihn aufforderte: ›Nimm sie, wenn du's wagst!‹ Die Worte gingen ihm immer wieder durch den Kopf und brachten ihn zum Schwitzen. Er hatte es nicht gewagt. Aber er mußte sie in die Hände bekommen – auf die eine oder andere Weise. Wenn es nötig wurde, mußte er Asche totschlagen. Er blieb sitzen, bis er Hunger bekam. Dann warf er ein paar verkohlte Balkenstücke aufs Feuer und ging hinunter zum angesengten Fleisch oben im Gezweig.

5

Arn holte das angekohlte Fleisch hervor und setzte sich mit dem Rücken gegen einen Stamm. Mit einem Stein kratzte er die oberste Schicht ab und riß dann mit den Vorderzähnen ein Stück heraus. Das Fleisch war trocken und zäh, und seine Kiefer ermüdeten, er bekam Durst. Wasser gab es genug an der Quelle, aber es war mühsam, jedes Mal den ganzen Weg zu machen, wenn er einen Schluck trinken mußte. Es wäre schön, wenn man einen Eimer oder eine Schüssel hätte, dann könnte Asche ein oder zwei Mal täglich Wasser holen.

Der Gedanke erinnerte ihn an die vergangene Nacht, als die Fremden ein Gefäß auf den Boden geworfen hatten. Vielleicht befand sich unter den Aschenhaufen noch etwas, das sie gebrauchen konnten. Aber noch war es zu heiß und zu gefährlich, in den Ruinen herumzugehen. Im übrigen war das wohl auch eine Arbeit für Asche, in den Aschenhaufen herumzuwühlen. Allein schon dieser Gedanke brachte ihn fast in gute Stimmung.

Als er schließlich satt war, war nicht mehr viel Fleisch übrig. Nicht mehr, als er selber am Abend essen konnte. Aber jetzt war es Mittag, und Asche hatte nichts bekommen. Glaubte er vielleicht...

Arn sah sich rasch um. Dann stand er auf und schlich mit dem Fleisch zwischen die Bäume. Als er nach einer Weile zurückkam und sich wieder hinsetzte, war das Fleisch gut versteckt. Aber gleichzeitig fing er an, darüber nachzudenken, wovon er morgen und übermorgen leben sollte. Und all die Tage, bis die Männer heimkamen. Er war daran gewöhnt, daß das Essen eine Selbstverständlichkeit war, etwas, was einfach da war, wenn er Hunger hatte. Plötzlich war das nicht mehr so. Seine Welt hatte einen neuen Sprung bekommen. Alles, was früher selbstverständlich und nebensächlich gewesen war, wurde plötzlich schwierig. Er war nicht dazu erzogen worden, sich um Essen, Kleidung und um ein Dach über dem Kopf zu sorgen. Dafür waren andere dagewesen. Er war dazu erzogen zu befehlen und Gehorsam zu empfangen. Aber nun hatte er keinen, dem er befehlen konnte, keinen, der gehorchen mußte. Nun war nur noch Asche da, und der hatte sich geweigert zu gehorchen.

Sollte er denn etwa selber für seine Nahrung sorgen? Sollte er selber seine Grütze kochen, sein Brot backen? Ja, aber wie machte man das denn? Er sah vor seinen Augen, wie die Sklavenweiber Korn zu Mehl mahlten. Er hatte es an jedem einzelnen Tag seines Lebens gesehen, aber er hatte nie richtig zugeschaut, wie sie das eigentlich machten. Natürlich wußte er, daß die Körner zerstoßen und die Schalen entfernt werden mußten, daß man Mehl mit Wasser vermischte, wenn man Grütze kochte, aber wieviel Mehl nahm man zu wieviel Wasser?

Dies war entweder Sklaven- oder Weiberarbeit. Sollte er nun... kein Wort darüber! Das mußte Asche machen. Aber wenn Asche nein sagte, wie er es vorhin getan hatte, als er die Waffen abliefern sollte? Und woher sollten sie denn das Korn nehmen? Das war vermutlich mit den Häusern zusammen verbrannt.

Plötzlich war ihm nach Weinen zumute, er fühlte ein Jucken in den Augen. Vor Angst und vor Zorn. Und vor Ohnmacht. Wo steckte Asche überhaupt? Er war doch wohl nicht auf und davon? Es kam vor, daß Sklaven versuchten abzuhauen, aber die allermeisten wurden wieder eingefangen. Entweder von demjenigen, dem sie gehörten, oder von einem anderen.

Man konnte es ihnen ansehen – daß sie Sklaven waren. Sie gingen auf eine andere Weise, waren anders und schlechter gekleidet. Und die meisten von ihnen waren dunkelhaarig oder hatten ganz schwarzes Haar, weil sie aus dem Süden geholt wurden, wo die Menschen so aussahen.

Er glaubte nicht daran, daß Asche durchgebrannt war. Da lag ein Baum, den er gefällt hatte. Arn wußte nicht, wie er das gemacht hatte, aber warum sollte er noch einen Baum fällen, ehe er verschwand? Er war wohl unten am Fjord. Vielleicht unten beim Bootshaus. Er behauptete doch, daß er dort den Speer und die Axt gefunden hätte. Und das konnte tatsächlich stimmen. Die Axt war jedenfalls eine von denen, die die Männer benutzten, wenn sie Schiffe bauten. Das hatte Arn sofort erkannt, als er sie gesehen hatte, und eigentlich hätte er nichts zu sagen brauchen. Hätte er den Mund gehalten, wäre er dem Zusammenstoß mit Asche entgangen. Aber es war so ungewöhnlich, einen Sklaven mit Waffen zu sehen! Und dann hatte es ihn irritiert, daß er nicht selber den Gedanken mit dem Bootshaus gehabt hatte.

Langsam stand er auf und ging hinunter auf den Strand zu, um nach Asche zu sehen. Er brauchte ihn ja, um eine Art Hütte zu bauen, bevor die Dunkelheit und die Kälte kamen.

Sie erblickten einander zwischen den Baumstämmen. Asche schleppte die Axt und seine sechs dünnen Birkenstämme an. Keiner von ihnen sagte ein Wort, aber Arn wartete, bis Asche vorübergegangen war, dann folgte er ihm.

Asche blieb erst stehen, als er die Eichbäume erreicht hatte. Dann warf er die Birken zu Boden, aber er behielt die Axt in der Hand, während er sich setzte, um zu verschnaufen und den Schweiß vom Gesicht zu trocknen. Er zog sich das Hemd über den Kopf. Es war naß von Schweiß, und er warf es auf einen Zweig, damit es dort trocknen konnte. Er warf einen raschen Blick zu Arn hinüber, der immer noch so nackt war wie bei seiner Flucht aus dem Haus in der Nacht. Er würde sicherlich ganz zufrieden mit einem guten Stück Stoff vom Segel sein, in das er sich nachts einrollen konnte, aber – bei allen Göttern – er mußte dafür doch auch etwas tun!

Asche stand auf und nahm einen der Birkenstämme. Er brachte ihn etwas oberhalb seines Kopfes zwischen zwei Eichen an, indem er ihn auf ein paar Nebenzweigen ruhen ließ. Er lag nicht ganz gerade, aber das schadete nichts. Wenn er erst einmal bis zum Dach kam, würde es ohnehin schräg sein müssen, damit das Regenwasser ablief und nicht durchdrang und in die Hütte platschte. Als der Stamm ziemlich fest lag, nahm er die Axt in die Hand und ging hinauf zum Feuer, das Arn angefacht hatte. Hier lagen immer noch die Seilenden, die er Arn zugeworfen hatte und deren Bedeutung dieser nicht erkannt hatte. Er sammelte sorgfältig alle Stummel auf, warf ein paar Holzpfosten ins Feuer und ging dann zurück. Auf dem ganzen Weg beschäftigte er sich damit, die Taue aufzuribbeln, so daß er einzelne, lange, dünne Enden bekam, die er zum Festbinden verwenden konnte. Natürlich hätte er dazu auch Streifen vom Segel nehmen können, aber das Segel würden sie noch dringend genug für andere Dinge brauchen. Als er zurückkam, fing er an, die Birkenstämme an den Eichen festzubinden.

Während Arn zuschaute, hatte Asche schließlich drei der Birkenstämme zwischen den beiden Eichen befestigt: einen in Kopfhöhe, einen fast an der Erde und den dritten in der Mitte. Die ganze Zeit hatte er dafür gesorgt, daß die Axt in seiner Reichweite blieb. Als er mit den Birkenstämmen fertig war, nahm er die Axt in die Hand und ging in den Wald hinein. Dort wuchsen Haselsträucher, und er konnte schlanke, gerade und zähe Haselruten gebrauchen. Massenhaft.

Während Asche arbeitete, hatte Arn still gesessen und zugeschaut. Aber es war ihm schwergefallen. Er hatte Lust gehabt mitzumachen, es kribbelte ihm in den Fingern. Doch das widersprach ja allem, was er in seinem ganzen Leben gelernt hatte: Sklaven machten die Arbeit. Man arbeitete nicht mit Sklaven zusammen. Man durfte das Gesicht nicht verlieren.

Aber es war spannend, eine Hütte zu bauen. In gewisser Hinsicht war er fast neidisch auf Asche. Wäre der der Sohn eines anderen freien Mannes, welcher der nächtlichen Entführung entkommen war, so wäre alles einfacher. Sie könnten zusammen arbeiten. Aber dann hätte er natürlich keinen Sklaven gehabt.

Arns Denken befand sich im Aufruhr. Die Lust des Jungen, sich eine Hütte zu bauen und der Drang des Urmenschen, sich eine feste Zufluchtstätte zu schaffen, rangen mit allem, was er bisher als richtig und selbstverständlich gekannt hatte. Es war der ewige Kampf der Macht und des Rechts gegen die Vernunft.

Schließlich hatte Arn einen Einfall.

Als Asche gegen Nachmittag mit einem Armvoll Haselruten zurückkam, züngelte ein kleines Feuer neben den vier Eichenbäumen. Gras und Zweige waren ringsherum entfernt, so daß es sich nicht ausbreiten konnte, und daneben lagen ein paar kräftige, halb verkohlte Balken, die sich vorzüglich zum Feuern eigneten. Sie waren jedenfalls trocken.

Arn saß neben dem Feuer, fast am ganzen Körper schwarz von Ruß. Und neben ihm lag die Erklärung dafür: drei Stück Fleisch von der gleichen Art wie das, was Asche am Morgen gefunden hatte. Er war anscheinend bei seiner Suche recht gründlich vorgegangen.

»Hier ist Feuer. Und Essen«, sagte Arn. Er wirkte verlegen.

Asche nickte nur. Dann warf er die Haselruten auf den Boden, setzte sich hin und begann zu essen. Er war dank der Muscheln nicht besonders hungrig, aber er zerrte trotzdem einige kräftige Klumpen vom trockenen Fleisch. Er wollte derjenige sein, der seine Hand in eine andere legte, die sich ihm entgegenstreckte.

Als er fertig war, fing er an, die Haselruten gitterförmig zwischen die Birkenstämme zu flechten. Bald darauf stand Arn neben ihm und half ihm dabei. Sie arbeiteten schweigend. Die Axt lag zwischen ihnen.

Es fehlten etwa noch zehn Haselruten, als Asche sich bückte und die Axt aufhob. Er verschwand damit zwischen den Bäumen. Arn blickte hinter ihm her, und zwischen seinen Augenbrauen bildete sich eine Falte. Dann flocht er die letzten Ruten fertig und warf sich ins Gras.

Als er etwas später Asche kommen sah, setzte er sich mit einem Ruck auf und wurde plötzlich eiskalt. Asche trug die Axt in der linken Hand, in der rechten den Speer. Arn wäre am liebsten aufgesprungen und davongerannt, aber er konnte nicht. Sein Körper weigerte sich, ihm zu gehorchen. Geschichten von Sklaven, die ihre Herren erschlagen hatten, flogen ihm durch den Kopf.

Asche war wohl noch zwanzig Schritte von ihm entfernt, als er den Arm mit dem Speer hob. Das ging unendlich langsam, schien es Arn. Es war deutlich zu erkennen, daß Asche den Speer nicht nach Arn warf, sondern zu ihm hinüber.

»Da, nimm ihn und komm!« sagte Asche. »Wir brauchen eine Menge Schilf und Rohr fürs Dach, bevor es Abend wird. Und du mußt dich waschen.« Er wandte sich um und ging langsam hinunter zum Fjord.

Arn erhob sich benommen. Er fühlte sich am ganzen Körper steif, und sein Herz klopfte, daß er es bis in die Schläfen hinein spürte. Er hob den Speer vom Boden auf. Asche ging vor ihm, ruhig und entspannt.

Plötzlich fühlte sich Arn entsetzlich verlegen, ohne daß er wußte, weshalb. Dann ging er hinter Asche her.

6

Sie kamen, ohne miteinander zu reden, ans Wasser. Arn watete hinein und wusch sich den Ruß vom Körper, während Asche schon anfing, Rohr und Schilf zu schneiden. Als Arn sauber war, kam er und half ihm.

Es war genügend Rohr und Schilf vorhanden, aber dort, wo es wuchs, war es schlammig und sumpfig. Bei jedem Schritt mußten die Jungen die Beine aus dem Schlamm ziehen. Und weder der stumpfe, rostige Speer noch die Axt waren besonders gut zum Schilfschneiden geeignet, deswegen dauerte die Arbeit ziemlich lange. Manchmal versuchten sie, es mit den Händen zu pflücken, aber daraus wurde nichts Rechtes. Die Pflanzen waren allzu zäh, und die Blätter enthielten so viel Kieselsäure, daß es ihnen in die Finger schnitt. Und jedes Mal, wenn sie ein Bein aus dem eiskalten Schlamm zogen, kam ihnen der widerlich stechende Geruch von Sumpfgras entgegen. Das Rohr sollte im Winter geschnitten werden, wenn der Boden gefroren war und trug, dachte Asche. Außerdem war es eine Arbeit, die sie noch einige Tage weiterführen müßten, bis sie genug hätten. Wenn sie heute nur so viel zusammenbrachten, daß es für den Windschutz an der Hüttenwand reichte, an der sie gerade arbeiteten, dann war er zufrieden. Aber er hoffte, daß sie noch einen weiteren Haufen zusammenbrachten, auf dem sie nachts liegen konnten, und der die Kälte des Bodens abhielt. Eine Lage Schilf und etwas trockenes Gras darüber, und dann ein Stück Segeltuch, in das sie sich einrollen konnten. Was konnte man mehr verlangen? Das war schon erheblich besser, als er es gewohnt war.

Asche blickte heimlich zu Arn hinüber, um zu sehen, wie er mit der widerspenstigen Arbeit zurechtkam. Er arbeitete gut mit, obwohl es für ihn ungewohnt war. Er wollte wohl nicht hinter Asche zurückstehen. Und vielleicht war er sich auch darüber im klaren, daß ein wenig Schutz vor der Nacht angenehm wäre. Er besaß ja nichts zum Anziehen. Asche lächelte. Obwohl er nicht finden konnte, daß Arn es verdient hatte, freute er sich darauf, ihm das Segel zu zeigen.

Sie arbeiteten bis spät am Nachmittag. Eigentlich war es schon fast Abend, aber die Sonne stand noch immer am Himmel, obwohl sie bereits den Westen ein Stück hinter sich gelassen hatte und nun auf dem Weg nach Norden war.

»Laß uns aufhören!« sagte Asche. »Wir müssen sie ja auch noch zusammenflechten, ehe es Nacht wird.«

Dies war das erste Mal, seitdem sie hergekommen waren, daß einer von beiden etwas sagte. Arn hätte schon ganz gern geredet, wußte aber nicht, wie er es anfangen sollte. Über was sprach man mit einem Sklaven? Und Asche hatte gelernt, den Mund zu halten.

»Wir haben jetzt so viel«, erwiderte Arn, »daß wir mindestens zweimal gehen müssen.«

Sie wuschen sich den Schlamm von den Beinen, und Asche zog wieder seine Lumpen an. Gerade jetzt war er froh, daß er sie hatte. Sie schützten ihn vor den scharfen Blättern, als er einen Armvoll Rohr und Schilf aufsammelte. Arn hingegen mußte Schmerz und Unbehagen aushalten. Überall auf seinem Körper waren Schrammen, und hier und da kam ein Tropfen Blut zum Vorschein. Asche war sich darüber im klaren, daß sie sich Kleider anfertigen mußten. Und er hatte schon eine Idee, wie sie es machen könnten.

Sie kamen mit ihrer Last bei den Eichen an und kehrten sofort um, um den Rest zu holen. Aber das Ganze schafften sie immer noch nicht. Als sie zum dritten Mal hinunterkamen, nahm Asche den Speer. »Komm!« sagte er und schritt auf das Bootshaus zu, das ein ganzes Stück entfernt lag.

Arn blickte ihn erstaunt an. »Was sollen wir dort?« fragte er.

»Ich will dir etwas zeigen!« antwortete Asche. »Es ist gar nicht so weit.«

So marschierten sie weiter. Beiden kam der gleiche Gedanke: Es war das erste Mal, daß sie Seite an Seite gingen.

Arn stieß einen Ruf aus und machte einen großen Freudensprung, als er das Segel erblickte. Er stürzte darauf zu, warf sich auf die Knie und befühlte den Stoff. Als Asche zu ihm trat, kniete er immer noch.

»Wo in aller Welt hast du dies gefunden?« fragte Arn, und sein Gesicht strahlte auf vor Überraschung.

»Im Bootshaus. Es lag zusammengerollt auf Steinen.«

»Ja, aber... das ist ja... das ist ja...« Arn fand nicht die richtigen Worte, auszudrücken, was dies wäre.

»Jawohl, so ist es. Ein Schatz ist das! Heute nacht brauchst du nicht zu frieren.«

Asche lachte. Zum ersten Mal seit langem. Er lachte vor Stolz über seinen Fund und über Arns verwundertes Gesicht.

»Wir reißen es mittendurch!« sagte Arn eifrig. »Dann bekommt jeder von uns eine Hälfte, in die er sich nachts einrollen kann.«

»Nein!« widersprach Asche. »Das ist eine schlechte Idee.«

»Wieso denn?« Wieder nahm Arns Stimme den beleidigten Ton an, den Asche schon früher gehört hatte. »Das Segel gehört meinem Vater. Willst du denn nichts davon haben?«

»Doch, ich kann dir versichern, daß ich etwas davon haben will.« Asche zog es vor, seine Stimme so zu beherrschen, daß sie ruhig blieb. »Aber ich glaube, daß wir damit anfangen sollten zu entscheiden, daß dies *unser* Segel ist. Und wir brauchen für die Nacht nicht jeder ein halbes Segel, um uns hineinzurollen. Aber wir brauchen etwas zum Anziehen, wenn es kalt ist. Dazu werden wir den Rest des Segels nehmen. Und bleibt noch etwas übrig, dann werden wir dafür schon eine Verwendung finden.«

In Arn brauste der Zorn auf, als Asche anfing zu reden. Was bildete der sich denn ein, dieser Sklave? Er nahm sich heraus, Beschlüsse zu fassen, zu entscheiden, Befehle zu geben! Und er, Arn, tat, was ihm gesagt wurde! Dieser letzte Gedanke erschreckte Arn am meisten. Was für ein Macht besaß dieser Sklave denn?

Als Asche anfing, darüber zu reden, daß sie Kleider machen wollten, kam in Arn etwas in Bewegung. Warum war er nicht selber auf die Idee gekommen? Das verwirrte ihn, denn es war doch so selbstverständlich. War es deswegen, weil er unwillkürlich Asche gehorchte? Weil Asche dachte und weil das, was er tat, richtig war? Er hatte einen Fund gemacht, als er ins Bootshaus schaute, und er hatte das erste Stück Fleisch entdeckt. Er hatte die Idee mit dem Holzstoß gehabt, ehe es zu spät war, und er hatte mit dem Bau einer Hütte begonnen, so daß sie jedenfalls nachts im Windschatten lagen. Sein Zorn verging langsam und machte einer Verlegenheit Platz.

»Entschuldige«, murmelte er, während er von Asche fortblickte. Er wußte nicht genau, wofür er sich entschuldigte, aber es fiel ihm nichts anderes ein.

»Faß gleich mal mit an, damit wir's strammziehen können«, erwiderte Asche. »Dann werde ich sehen, ob ich's mit dem Speer durchstechen kann. Wenn wir erst durch die Kante gekommen sind, können wir's durchreißen. Wie breit meinst du, sollen wir's nehmen?«

Arn war froh, daß Asche nicht auf seine Entschuldigung zurückkam. Bald waren sie völlig damit beschäftigt zu überlegen, wie breit eine Schlafdecke sein müßte.

Als sie die beiden Stücke vom Segel abgeschnitten hatten, schaute sich Asche um.

»Uns fehlt etwas zum Schneiden«, sagte er. »Und wir werden auch einen Stein brauchen, um den Speer und die Axt zu schärfen. Hier gibt's massenhaft Steine. Laß uns mal versuchen, ob wir welche finden, die wir brauchen können.«

Es dauerte nicht lange, bis sie gefunden hatten, was

sie brauchten. Sie legten ein paar große Feuersteine auf einen dicken Stein und zerschlugen sie mit einem anderen. Viele scharfe Stücke blieben übrig. Asche sortierte die größten und schärfsten aus und warf sie auf das eine Stück Stoff. Dann machte er eine Art Beutel aus dem Ganzen und schwang es sich über die Schulter. Arn nahm einen feinkörnigen Granitstein in die eine Hand und das zweite Stück Stoff in die andere. Dann gingen sie zu ihrem Schilfhaufen. Dort legten sie die letzten Schilf- und Rohrhalme auf Arns Schlafdekke, stapelten den Beutel und die Steine darauf und zogen jeder fest an einem Ende. Den Speer und die Axt legten sie obendrauf. So trugen sie alles heim zum Feuer und zu den vier Eichen.

7

Es wurde gerade Abend, und eine leichte Kühle lag in der Luft. Die Jungen hatten es eilig. Sie nahmen büschelweise Schilf und Rohr und flochten beides abwechselnd nach außen und innen zwischen die Haselruten. Sie begannen unten und klopften immer das Neugeflochtene fest zusammen, um die Wand winddicht zu machen. Asche hatte absichtlich mit dem westlichen Teil begonnen, denn von dort wehte der Wind am häufigsten.

Die Arbeit ging gut voran. Sie waren schon bis auf Kniehöhe gekommen, aber noch immer war ein beträchtlicher Schilfhaufen übrig. Asche richtete sich auf, streckte die Beine und reckte sich. Der ganze Körper schmerzte ihn vom Bücken. Er ging zum Feuer, um Holz nachzulegen.

»Psst«, flüsterte er halblaut. »Gib mir den Speer!«

Arn wandte den Kopf und blickte ihn fragend an.

»Gib mir den Speer«, wiederholte Asche. »Schnell!«

Vorsichtig erhob sich Arn und nahm den Speer, der neben dem Schilfhaufen lag. Auf Zehenspitzen ging er zu Asche hinüber, während er nach allen Seiten um sich spähte. Was mochte er wohl im Auge haben? Kamen etwa Fremde?

Asche stand ganz still. Es sah so aus, als horche er. Er griff nach dem Speer, den Arn in der Hand hielt. »Still! Horch mal!« flüsterte er.

Arn stand ganz still und lauschte. Der Gedanke an die Fremden ließ ihn am ganzen Körper frieren. Was veranlaßte sie denn zurückzukommen? Alles war ja abgebrannt und zerstört!

Anfangs hörte er nur das Pochen seines eigenen Herzens und das Sausen des Blutes in den Ohren. Aber dann vernahm er es: ein leises Rascheln. Stille folgte, und danach raschelte es wieder, aber im gleichen Augenblick begann eine Amsel tief und weich zu flöten und übertönte das Rascheln. Das Vogelgezwitscher klang schön und fast traurig, aber es ging Arn auf die Nerven. Konnte das dumme Geschöpf denn nicht den Schnabel halten, damit er hören konnte? Er merkte, daß ihm heiß wurde, obwohl ihm eigentlich kalt war, und er mußte an die Axt denken, wagte aber nicht, sich zu bewegen und sie zu holen.

Er spähte zu Asche hinüber und stellte zu seiner Überraschung fest, daß dieser weder ängstlich noch angespannt aussah. Er horchte nur, während er vor sich hinstarrte.

»Was ist denn?« flüsterte Arn.

»Psst!« antwortete Asche und machte mit der Hand eine abwehrende Bewegung. Dann ging er ein paar Schritte weiter und sank in die Knie. Unwillkürlich krümmte sich auch Arn zusammen.

Die Amsel machte eine Pause, und Arn konnte wieder deutlich das raschelnde Geräusch vernehmen. Es war näher gekommen, aber es klang nicht wie Schritte, auch wenn die welken Blätter raschelten.

Plötzlich sah Arn, daß Asche die Hand mit dem Speer hob. Doch er hielt ihn nicht so, als wolle er damit werfen. Eher, als wolle er damit zuschlagen.

Schließlich schlug er zu, ins Gras, mit kurzem Schlag. Noch ein paarmal. Dann richtete er sich ruhig auf.

Arn schaute hin. Da lag ein Stachelschwein.

»Puh!« Arn trocknete sich den Schweiß von der Stirn und spürte, wie sich die Muskeln seines Körpers entspannten. »Ich war... oh, kann man so was essen?«

»Alles kann man essen, wenn man nur hungrig ist«, erwiderte Asche. »So etwas lernt man als Sklave. Stachelschweine schmecken übrigens gut.«

Asche bückte sich und ergriff das Stachelschwein von unten. So vermied er es, gestochen zu werden. Dann trug er es zum Feuer.

»Laß uns noch eine Runde an der Wand arbeiten«, schlug Arn vor. »Wenn das Schilf erst mal trocken und steif ist, geht es nicht mehr so leicht von der Hand.«

Asche nickte und schaute Arn anerkennend an. Vielleicht war der gar nicht so tölpelhaft und hilflos. Offensichtlich war er während des Zwischenspiels mit dem Stachelschwein ängstlich gewesen, ja, er war sogar bereit gewesen, dies zuzugeben, aber er konnte ja auch nicht wissen, wozu der Speer gebraucht werden sollte. Und er hatte ein gutes Stück Arbeit geleistet, als sie heute nachmittag Rohr schnitten. Und nun das mit dem Schilf! Vielleicht würde es trotz allem mit ihnen gehen.

Asche merkte plötzlich, daß er todmüde war. Es war eine unruhige Nacht gewesen, und der Tag war auch schwer. So kniete er sich hin und fing an, das Schilf fest zwischen die Haselruten zu flechten.

Als nicht viel mehr Schilf übrig war als das, was sie zum Schlafen verwenden wollten, ging Asche und nahm den Speer mit. Er fand den Granitstein, den er am Nachmittag mit heraufgebracht hatte, setzte sich ins Gras und begann die Speerspitze zu schleifen. Eine dicke Schicht Rost lag darauf, deswegen dauerte es eine ganze Weile.

Arn arbeitete weiter mit dem Schilf. Inzwischen war die Wand mehr als hüfthoch. Schließlich nahm er die letzten Rohr- und Schilfhalme und legte sie zu zwei Haufen ganz dicht an die Wand. Er strich sie glatt und legte über jede ein Stück Segeltuch. Dann kam er und setzte sich neben Asche. Sie saßen lange da, ohne ein Wort zu sagen. Es bestand immer noch ein so großer Abstand zwischen ihnen, daß Geplauder unnatürlich gewirkt hätte. Der Sommerabend würde rasch in die Nacht übergehen, aber es wollte nicht dunkel werden, und die Amsel flötete immer noch. Die Wärme des Tages saß im Boden und ließ ihn dampfen. Die Luft war feucht und kühl. Arn schauerte zusammen und ging schließlich, um sich sein Stück Segeltuch zu holen. Als er zurückkam, setzte er sich etwas näher ans Feuer und wickelte sich den Stoff um den Oberkörper. Dann beobachtete er wieder Asche und dessen Arbeit.

Er bekam allmählich Respekt vor diesem Sklaven. Bis zu diesem Tage hatte er geglaubt, daß Sklaven nichts anderes tun könnten als das, was man ihnen auftrug. Aber Asche hatte den ganzen Tag selbständig gehandelt. Und er hatte hart gearbeitet, den ganzen Tag. Und er arbeitete immer noch.

Arn spürte, wie ihm alle Muskeln wehtaten und

dachte mit Widerwillen daran, wie es ihm morgen ergehen würde, wenn er aufwachte. Und dabei hatte er nicht soviel getan wie dieser Sklave. »Bist du nicht müde?« fragte er ihn schließlich.

»Doch«, Asche sah Arn erstaunt an. »Todmüde.«

»Warum arbeitest du dann noch?«

»Ein Sklave muß auch dann noch arbeiten, wenn er müde ist.« Asches Stimme klang ruhig, und während er sprach, fuhr er fort, die Speerspitze zu schleifen.

»Aber jetzt ist doch keiner mehr da, der dir das befiehlt«, sagte Arn.

»Doch!« sagte Asche und zeigte auf das Stachelschwein. »Das da!«

»Was meinst du?« Arn verstand gar nichts.

»Ich muß seine Eingeweide herausnehmen. Sonst ist es morgen nicht mehr genießbar. Aber ich muß erst mal die Speerspitze schärfen, um es aufschneiden zu können.«

»Ja, natürlich.« Arn mußte eine neue Niederlage eingestehen. Er hatte darüber bisher nicht nachgedacht. »Und was wird mit all den Stacheln? Wir können es doch nicht mit all den Stacheln essen?«

»Das werde ich dir morgen zeigen«, antwortete Asche. »Das ist das allereinfachste von allem.«

Asche probierte die Schärfe der Klinge mit dem Daumen aus und schien zufrieden zu sein.

»Kannst du nicht ein wenig gute Glut vom Holzfeuer hier um diesen Baumstumpf legen, während ich den Burschen säubere?« fragte er Arn. »Dann brennt der Baumstumpf im Lauf der Nacht weg, und wir kriegen gleichzeitig ein wenig Wärme.«

Arn stand auf und sah sich um. Dann holte er die Axt und benutzte sie als Schaufel, um die Glut herüberzutragen.

Inzwischen schnitt Asche das Stachelschwein auf und nahm die Eingeweide heraus. Danach schabte er es ganz sauber aus. Es ging ihm alles leicht von der Hand, er hatte es schon früher probiert.

Als er fertig war, hängte er das Stachelschwein oben an einen Ast in eine der Eichen. »Eigentlich müßte es noch gewaschen werden«, sagte er. »Aber ich hab nicht mehr die Kraft, jetzt noch bis zur Quelle oder zum Fjord zu gehen.« Er warf sich auf einen der beiden Schilfhaufen und rollte sich in sein Segeltuch. Arn nahm die Axt und kratzte mit ihrer Hilfe Asche auf die beiden Feuer, damit sie während der Nacht nicht ausgingen. Dann legte auch er sich hin.

Sie hatten ein Weilchen gelegen, als Asche murmelte: »Weißt du, daß du seit fünf Jahren, die ich Sklave gewesen bin, der erste bist, der mich gefragt hat, ob ich müde wäre?«

Arn war erstaunt und antwortete nicht gleich. »Nein«, sagte er schließlich. »Aber nun schlaf, Asche!«

Arn lag noch eine Weile und dachte nach. Da war doch etwas, was Asche gesagt hatte und was wichtig war. Aber er konnte nicht mehr darauf kommen. Es hatte etwas zu bedeuten gehabt, irgendwie.

Endlich fiel es ihm wieder ein: ›In den fünf Jahren, die ich Sklave gewesen bin . . .‹ Aber Asche war doch wohl vierzehn, wie Arn, vielleicht auch fünfzehn. Was war er denn dann in den Jahren vorher gewesen?

War Sklave denn etwas, was man wurde, und nicht, was man war? Seine Mutter und seine Schwester!

Das mußte er noch herausbekommen!

Schließlich fiel er in einen unruhigen Schlaf. Innerhalb von vierundzwanzig Stunden hatte seine Welt viele Sprünge bekommen.

8

Arn wachte davon auf, daß ihm die Sonne ins Gesicht schien. Entweder hatte sie das schon lange getan, oder er hatte sich umgedreht. Die Sonne stand jedenfalls schon ziemlich hoch über dem Horizont.

Er reckte sich und stieß leise Schmerzenslaute aus. Der ganze Körper tat ihm weh, und er dachte nicht besonders freundlich an das Schilf, das Rohr und den Schlamm. Mit leichtem Schaudern wurde ihm bewußt, daß er einen großen Teil des neuen Tages auf die gleiche Weise zubringen würde wie den gestrigen. Er hatte sich vor Asche nicht gehenlassen wollen, auch wenn es hart war. Vielleicht würde er es heute tun müssen.

Asche. Er blieb noch ein wenig liegen und durchdachte alles, was in der kurzen Zeit geschehen war. Vom Überfall bis gestern abend, als er die beiden Feuerstellen mit Asche zudeckte. Das Ganze war verworren und flimmernd, und immer erschien Asche als der Mittelpunkt. Arn hatte das Gefühl, daß er trotz allem Glück gehabt hatte. Daß ein Sklave sein Glück gewesen war.

Gleichzeitig meldete sich wieder der Gedanke vom vergangenen Abend: »In den fünf Jahren, die ich Sklave gewesen bin . . .«

Er mußte Asche fragen. Irgendwann.

Asche schlief noch, erschöpft von der gestrigen Arbeit. Arn verstand ihn, aber trotzdem verspürte er große Lust, ihn zu wecken, um Gesellschaft zu haben.

Er nahm einen abgeknickten Schilfstengel und rollte ihn auf seinem Bauch herum. Dann ließ er die Spitze des Halms vorsichtig über Asches Oberlippe gleiten. Asche schlug im Schlaf danach.

Arn kitzelte ihn noch ein paarmal mit dem Schilf, und endlich wachte Asche auf, langsam und träge und ganz ohne jene Energie, die Arn gestern kennengelernt hatte. Er streckte sich faul und rieb sich mit geballten Fäusten die Augen. Dann hustete er sich den Nachtschleim aus dem Hals und spuckte ihn aus. Es sah nicht so aus, als täte ihm irgendwas weh, sondern als wäre er ganz entspannt.

»Guten Morgen«, sagte Arn freundlich.

»Morgen«, murmelte Asche und gähnte von Herzen.

»Hast du gut im neuen Haus geschlafen?«

»Na ja«, erwiderte Asche und schüttelte den Kopf, um ganz wach zu werden. »Ich hätte gut noch ein Weilchen weiterschlafen können. Aber es wird wohl nicht zu früh sein zum Aufstehen«, fuhr er fort, während er einen Blick zur Sonne empor warf, die schon ihre glühend heißen Strahlen vom Ende des Fjords herniedersandte.

»Nee«, sagte Arn. »Wir werden den Tag schon 'rumkriegen, aber im Augenblick interessiere ich mich am meisten fürs Essen.«

»Ich auch«, gab Asche zu. »Und für etwas zu trinken. Meine Kehle ist total ausgedörrt, und ich bin trocken bis in den Bauch hinein. Laß uns einen Bissen Fleisch essen und dann zur Quelle gehen. Dann können wir uns auch gleichzeitig ein bißchen waschen. Vorher werde ich, glaube ich, nicht richtig wach.«

»Gute Idee!« Arn sprang auf, ging hinüber und holte sich ein Stück von dem angebrannten, trockenen Fleisch und biß hinein.

Dies war das längste Gespräch, das sie je miteinander geführt hatten. Es schien, als hätte die Nacht eine Mauer eingerissen, die verhindert hatte, daß sie richtig miteinander redeten.

Asche kam langsam auf die Beine und ging auf Arn zu.

»Da, nimm! Wohl bekomm's!« Arns Stimme klang

undeutlich, weil er den Mund voller Fleisch hatte. Er warf das Stück zu Asche hinüber, der das Verkohlte mit dem Speer abkratzte, ehe er ein Stück abbiß und zu kauen begann.

»Puh, nein!« sagte er kurz darauf. »So früh am Morgen hab ich nicht genug Spucke dafür. Wir nehmen es besser mit zur Quelle, da können wir's vielleicht ein wenig aufweichen!«

»Das finde ich auch«, erwiderte Arn. »Mir tun vom Kauen schon richtig die Kiefer weh. Wir müssen versuchen, etwas anderes zu essen zu finden.«

»Ja«, sagte Asche. »Wir stecken das erst mal weg für einen Tag, an dem wir nichts anderes haben. Ich bin sicher, daß es sich hält. Nicht einmal die Schmeißfliegen werden sich dafür interessieren, aber trotzdem müssen wir es in ein paar große Ampferblätter wikkeln. Wir können welche bei der Quelle pflücken und mit zurückbringen.«

»Wenn wir wenigstens ein bißchen Wasser mit zurückbringen könnten«, sagte Arn. »Wir werden auf die Dauer wohl müde werden, wenn wir jedesmal hin- und herlaufen müssen, sobald wir durstig sind!«

»Ja, um so mehr, als es bei der Quelle keine Bäume gibt, sonst hätte ich natürlich die Hütte dort gebaut. Aber vielleicht finden wir noch ein paar Töpfe oder Krüge, wenn wir unter den abgebrannten Häusern herumstochern.«

»Das wäre schön«, sagte Arn. »Aber es gibt eine arge Dreckarbeit, wenn wir in all dem Ruß herumwühlen.«

»Scheiß drauf!« sagte Asche. »Ich heiße nicht umsonst Asche. Und wenn wir einen Topf finden, geht's auch einfacher mit dem Essenmachen. Denn dann können wir uns was kochen. Und wir können ja auch nicht damit rechnen, daß wir jeden Tag ein Stachelschwein erwischen.«

Während ihres Gesprächs waren sie zur Quelle gekommen, und beide legten sich hin und tranken gierig. Zum Schluß steckte Asche den ganzen Kopf ins Wasser und prustete wie ein Pferd, während er mit der einen Hand im Gesicht herumwischte. »Ah«, sagte er, als er schließlich wieder den Kopf hob, und blies einen feinen Wasserstrahl aus dem Mund. »Nun bin ich wach. Nun komm nur mit dem Fleisch!«

Er biß ein Stück ab, nahm es aus dem Mund und tat es ins Wasser, um es ein wenig aufzuweichen. Dann legte er sich ins Gras zurück und kaute. Arn folgte seinem Beispiel. Lange lagen die beiden da und kauten drauflos, ohne ein Wort zu sagen.

»Magst du Muscheln?« fragte Asche schließlich.

»Muscheln? Nein, danke! Pfui!«

»Hast du sie denn schon mal probiert?«

»Nee, aber ich hab sie gesehen. Draußen im Fjord, als wir ein paar aufgebrochen haben.«

»Wenn du sie noch nie probiert hast, kannst du doch gar nicht wissen, ob du sie magst. Man kann sie braten und auch kochen, und sie sind leicht zu fangen. Man braucht sie auch nur aufzuklopfen und kann sie so essen, wie sie sind.«

»Wie sie sind? Ja, aber sie leben doch!«

»Ja, natürlich«, grinste Asche. »Aber das hört ja auf. Und es ist gute Kost, und sie schmeckt gut. Wenn wir nur einen Topf aus Ton fänden, dann könnte ich eine Muschelsuppe kochen. Ich bin sicher, daß sie dir schmeckt. Und wenn du die Muscheln nicht gerne siehst, dann brauchst du ja beim ersten Mal nur die Augen zuzumachen.«

»Das kommt nicht in Frage! Dazu wirst du mich nie kriegen.« Arn wirkte sehr sicher.

»O doch«, antwortete Asche. »Wart nur, bis du genug Hunger hast! Dann wirst du sie mit Vergnügen essen. Du hast auch noch nie Stachelschwein probiert. Das werden wir heute mittag essen.«

»Und wie bekommst du die Stacheln heraus?« erkundigte sich Arn. »Ich esse es ganz gewiß nicht, wenn die Stacheln noch darin stecken.«

»Warte ab«, sagte Asche neckend. »Es schmeckt so gut, daß du's nicht glaubst, wenn ich's dir sage. Aber erst mal wirst du schön dreckig. Wir werden nämlich einen ordentlichen Klumpen Lehm mit heimnehmen. Davon ist ja genug da, dort, wo die Mädchen immer welchen holten, um Krüge daraus zu machen. Laß uns lieber anfangen. Außerdem ist da noch die Hütte, die darauf wartet, daß sie fertiggebaut wird. Aber zuerst müssen wir ein paar Ampferblätter pflücken.«

Sie standen beide auf, und Arn wurde gleich wieder daran erinnert, wie weh ihm sein ganzer Körper tat. Er dachte mit Grauen daran, daß er bald wieder im kalten Schlamm herumwaten und Schilf schneiden würde. Einen kurzen Augenblick kam ihm der Gedanke, daß das Sklavenarbeit sei. Aber dann schob er den Gedanken fort und war ein wenig überrascht. Es war das erste Mal, seit dem Erwachen, daß er an Asche als an einen Sklaven dachte.

Kurz darauf waren sie damit beschäftigt, Ampferblätter zu pflücken. Nicht weit von der Quelle wuchsen sie üppig, dort, wo sich das Wasser ausbreitete und die Erde sumpfig machte. Sie brauchten nicht viel, und so waren sie bald damit fertig.

»Wir tauchen sie unter«, schlug Asche vor. »Vielleicht können wir auf diese Weise ein wenig Wasser mitnehmen, und das können wir gut gebrauchen, denn wir müssen den Lehm etwas aufweichen.«

Arn machte aus Blättern ein kleines Gefäß, das er mit

Wasser füllte. Es war nicht ganz dicht, aber falls er Glück hatte, war noch ein wenig übrig, wenn sie zur Lehmkuhle kamen. Er sagte nichts davon zu Asche. Es sollte eine Überraschung für ihn sein, ein kleiner Triumph.

So setzen sie sich in Marsch auf die Lehmkuhle zu. Die oberste Schicht war knochentrocken und rissig. Aber es gelang Asche, mit einem Stein die trockenen Krusten loszubrechen und in den weichen Lehm vorzustoßen. Arn stand nur daneben und schaute zu, während er auf seine Ampferblätter achtete, und das bißchen Wasser, das noch übriggeblieben war. Er wünschte, daß Asche sich beeilte, damit nicht alles Wasser heraussickerte, ehe es gebraucht wurde.

»So!« sagte Asche endlich. »Nun kannst du gut weitermachen. Nimm eine ordentliche Handvoll. Du kannst den Lehm auf die Blätter klatschen, und er muß so weich wie möglich sein.«

»Grab ihn lieber selber aus«, antwortete Arn.

»Wieso denn?« Asches Stimme hatte sich verändert. »Bist du etwa zu fein, dir die Hände schmutzig zu machen?«

»Nee!« sagte Arn. »Aber du hast doch gesagt, daß wir Wasser brauchen. Und ich stehe hier und hab's in den Händen. Wenn ich jetzt anfange, nach Lehm zu graben, läuft's mir weg!«

Asche wurde verlegen. Er merkte, daß er gerade wütend auf Arn hatte werden wollen, daß er sich wegen einer Kleinigkeit beleidigt gefühlt hatte. Und dabei hatte Arn ein Problem für sie gelöst. Er bückte sich rasch über das Loch und fing an, Lehm herauszuholen.

»Entschuldige!« murmelte er. Aber er murmelte es nicht lauter, als Arn es am Tag zuvor getan hatte.

Als er einen schönen Klumpen Lehm ausgebuddelt und auf ein Blatt gelegt hatte, machte er in der Mitte des

Klumpens ein Loch. Da hinein goß Arn das Wasser, und Asche mischte Lehm und Wasser, bis der Klumpen weich und durchtränkt war.

»So!« sagte er zufrieden. »Da haben wir unsere Bratpfanne.«

»Was meinst du?« fragte Arn.

»Wart ab und sieh!« foppte ihn Asche. »Das ist nicht nur eine Bratpfanne. Das ist auch ein Stachelzieher!«

Asche sah aus, als mokiere er sich über Arns verwundertes Gesicht. Dann wurde er plötzlich ernst. »Hast du daran gedacht, heute morgen das Feuer wieder in Gang zu bringen?« fragte er.

»Nein!« erwiderte Arn. »Auf die Idee bin ich überhaupt nicht gekommen. Es war doch schon knallig heiß, als wir aufwachten.«

»Dann aber los!« sagte Asche. »Lauf!«

9

Als sie zur Hütte zurückkamen, stürzten sie zum Feuer, jeder zu seinem. Asche war besonders eifrig, oder vielleicht auch am ängstlichsten, daß das Feuer ausgegangen sein könnte. Und er wühlte mit den Händen in den restlichen Scheiten herum. Er stellte auch zuerst fest, daß immer noch Glut vorhanden war, massenhaft. Er brüllte vor Schmerz auf, als er sich verbrannte. Erschrocken fuhr Arn zusammen, und gleich darauf sah er Asche in wildem Lauf hinunter zum Fjord stürzen.

Arn blickte ihm erstaunt nach und machte sich daran, trockene Zweige zu sammeln, die er auf die Glut legte. Oben darauf schob er ein paar verkohlte Balkenreste und trockene Zweige. Dann kniete er sich davor und blies hinein.

Als Asche vom Fjord zurückkam, brannten beide Feuer lustig.

»Was hast du gemacht?« fragte Arn.

»Mich verbrannt!« sagte Asche schlecht gelaunt.

»Ja, das ist mir völlig klar. Das kann passieren, wenn man die Hände in ein Holzfeuer steckt. Aber was hast du unten am Fjord gemacht?«

»Die Hände ins Wasser gesteckt. Das hilft. Aber ich hätte zur Quelle laufen sollen. Da ist das Wasser kälter, und je kälter, desto besser!«

Es war möglich, daß es half, wenn man die Hände ins Wasser steckte, dachte Arn. Aber man merkte doch deutlich, daß es immer noch weh tat. Als hätte er Arns Gedanken gelesen, sagte Asche: »Es wird kein Spaß sein, mit diesen Händen Rohr zu schneiden, aber das nächste Mal passe ich dann vielleicht besser auf!«

»Ich hab den Lehm drüben in den Schatten gelegt«, sagte Arn. »Ich wußte ja nicht, wozu er gebraucht werden soll. Und ich hab das Fleisch in die Ampferblätter getan und alles wieder oben in den Baum gesteckt. Nun gehe ich, den Lehm holen.«

Als er zurückkam, stand Asche da und hatte das Stachelschwein in der Hand. »Wir packen diesen Burschen hier ein«, sagte er und setzte sich.

Arn hockte sich mit dem Lehm vor ihm hin und war gespannt darauf, was nun passieren würde.

Asche legte eine dicke Schicht Lehm auf die Stacheln des Tieres. Er klatschte in Abständen darauf, so daß er sich gut zwischen den Stacheln verteilte. Zuletzt waren der ganze Rücken und die Seiten bedeckt. »Uns fehlt Salz«, sagte er. »Man hätte es innen mit Salz abreiben sollen, sonst kommt kein richtiger Geschmack ins Fleisch, und das ist eine Schande.«

»Können wir nicht etwas anderes nehmen?« fragte Arn.

»Nein, was denn?« Asche blickte Arn an und schaute dann ringsherum, als glaube er, daß er plötzlich irgendwo einen Haufen Salz entdecken könne. »Doch, übrigens . . .«

Er stand auf, nahm die Axt und ging zu einer Stelle, an der hohe Pflanzen mit weißen Blüten wucherten. Er hieb einige mit der Axt um und hackte die Erde auf, bis sie so locker war, daß er die Wurzeln herausziehen konnte. Dann kehrte er zu Arn zurück.

»Es ist fast ein Glück, daß ich keine gewöhnliche Axt gefunden habe«, sagte er. »Diese hier ist für vieles nicht gut genug, aber doch für allerlei zu gebrauchen.«

»Was hast du da?« fragte Arn und zeigte auf die Wurzeln in Asches Hand. »Kann man die statt Salz verwenden?«

»Nee!« erwiderte Asche. »Aber man kann damit ein wenig würzen. Und dann können wir sie hinterher zum Fleisch essen. Es gibt welche, die giftig sind. Wenn man die ißt, wird man schlimm krank. Und dann gibt's welche mit roten Flecken an den Stengeln. Davon kann man sterben.«

»Bist du sicher, daß dies die richtige Sorte ist?« fragte Arn bedenklich.

»Nja«, antwortete Asche. »Das hoffe ich doch.« Er war schon dabei, die Erde von den Wurzeln zu schaben.

Er trocknete sie mit einem Ampferblatt ab, ehe er sie in den Bauch des Stachelschweins hineinsteckte. Dann griff er wieder zum Lehm. Kurz darauf war es ganz unmöglich zu erraten, daß in dem Lehmklumpen ein Stachelschwein steckte. »So!« sagte Asche. »Nun können wir's getrost zur Seite legen, bis wir's braten. Und jetzt laß uns überlegen, was wir heute noch tun wollen.«

Da war vieles, was getan werden mußte. Arbeit für viele Tage. Es mußte ein Plan aufgestellt werden, damit die wichtigsten Dinge zuerst an die Reihe kamen. Und zwischen all der Arbeit, die getan werden *mußte*, brauchten sie Zeit, um sich Nahrung zu beschaffen.

»Ich finde, wir sollten die Hütte so schnell wie möglich fertig bauen«, sagte Asche.

»Das meine ich auch«, erwiderte Arn. »Ich schlafe am liebsten mit einem Dach über dem Kopf.«

»Das ist nun nicht das Wichtigste«, sagte Asche, »woran ich denke. Aber wir können nicht erwarten, daß wir immer gutes, trockenes Wetter haben. Bei dieser Hitze kann jederzeit ein Gewitter kommen. Das schadet uns weiter nichts, aber den Feuern. Wir müssen eins haben, das auch bei Gewitter weiterbrennt.«

»Dann müssen wir also noch mehr Schilf und Rohr schneiden«, seufzte Arn.

»Und noch mehr Birken fällen und Haselruten schneiden«, lächelte Asche. Es war ihm klar, daß Arn sich um die Arbeit mit dem Schilf nicht riß.

»Ja, trotzdem Scheiße! Wenn wir bloß nicht noch einmal diese Schufterei mit dem Schilf hätten!«

»Übernimm du die Haselruten und die Birken!« schlug Asche vor. »Ich werde schon allein mit dem Schilf fertig.«

Arn blieb einen Augenblick still. Sein Rücken schmerzte ihn, und seine Arme taten ihm weh. Dies war eine gewaltige Versuchung. Aber er mußte Asche gegenüber an Ansehen gewinnen. Gegenüber diesem Sklaven, der sich wie selbstverständlich zum Anführer gemacht hatte. »Nein«, sagte er schließlich. »Wir machen es umgekehrt.«

»Warum das denn?« Asche riß vor Staunen den Mund auf.

»Weil ich es sage!« erklang es ein wenig scharf von Arn. Und danach etwas leiser: »Und weil du dir deine Hände verbrannt hast.«

»In Ordnung!« erwiderte Asche nach kurzer Pause. Ohne es genau zu wissen, war er sich klar darüber, daß Arn es nötig hatte zu beweisen, daß er tüchtig war. Asche stand auf, nahm die Axt und ging auf die Haselsträucher zu.

»Bis nachher!« sagte er über die Schulter, als er sich entfernte. Arn arbeitete mit dem Schilf, daß ihm der Schweiß ausbrach. Heute ging es besser. Teils, weil er sich daran gewöhnt, teils, weil Asche den Speer geschärft hatte. Gewiß, der war nur an der äußersten Spitze scharf geworden, aber man spürte es trotzdem. Er mußte sehen, daß er am Abend den Rest auch noch schliff. Was Asche konnte, mußte er auch zustande bringen. Und er mußte lernen, das Essen zuzubereiten.

Bei diesem Gedanken spähte er über den Fjord zu der Stelle, wo die Muschelbank lag. Pfui! Er verspürte ein kaltes Schaudern im Rücken, obwohl er doch schwitzte, so schwitzte, daß der Schweiß nur so an ihm herunterlief, damit er soviel Schilf abschnitt wie nur möglich. Um diesem merkwürdigen Sklaven zu zeigen, daß . . .

Nur an den Füßen schwitzte er nicht. Die waren eiskalt vom Schlamm und fast abgestorben. Er watete an Land und lief dann ins Wasser hinaus, warf sich hinein und schwamm, um den Schweiß loszuwerden und das Blut wieder in die Füße strömen zu lassen.

Hinterher rannte er am Strand entlang, bis er trokken war. Anfangs prickelte und stach es in den Füßen. Als das aufhörte, watete er wieder in den Schlamm hinaus und fuhr fort, Rohr zu schneiden. Er hatte schon eine Menge geschafft und war zufrieden, wenn auch sein Körper mit Schrammen und Rissen bedeckt war.

Asche hatte es eilig. Die Haselruten lagen um ihn herum verstreut, und er gönnte sich keine Ruhepause.

Er wußte, was es für Arn bedeutete, das Schilf allein zu schneiden, und er wollte sich beeilen, damit er bald fertig wurde und hinunter gehen konnte, um Arn zu helfen. Es sah so aus, als sei Arn ganz in Ordnung, oder könnte es werden. Asche dachte an den Satz: ›Weil ich es dir sage!‹, und er lächelte innerlich. Natürlich war es für Arn eine große Umstellung, genauso wie für ihn. Er erinnerte sich auch jetzt noch daran, wie ängstlich er selber gewesen war, als er Arn zum ersten Mal widersprochen hatte, und gleichzeitig wunderte er sich darüber, daß er es nicht schon früher getan hatte.

Wenn die Übermacht stark genug war, war es viel leichter, Sklave zu sein, als man glaubte. Eine Menge unscharfer Bilder aus der Zeit, als er ein kleiner Junge in dem Land mit den großen, dunklen Wäldern war, flimmerte durch seinen Kopf und ließ seine Augen feucht werden, so daß er nur undeutlich sah. Da trocknete er sich die Augen, hieb die letzten Haselruten mit ganz besonderer Inbrunst ab und sammelte sie auf. Es waren mehr, als er tragen konnte, und so mußte er zweimal gehen.

Danach fällte er vier von den schlanken Birkenstämmen und schleppte sie zur Hütte. Vier reichten, denn es lagen ja noch drei vom Tage zuvor da. Und seine verbrannten Hände vertrugen es gar nicht gut, wenn die Axt auf die Baumstämme prallte.

Als er hinunter zum Schilfufer ging, dachte er an Arns nackten Körper und die vielen Schrammen, die er davontragen würde, wenn er das Schilf heimbrachte. Er kehrte um und holte sein Stück Segeltuch. Darauf konnten sie das Schilf transportieren, ohne sich zu verletzen. Dann ging er hinunter zu Arn.

Asche mußte sich eingestehen, daß Arn wirklich allerlei geschafft hatte. Er hatte einen mächtigen Haufen Rohr und Schilf zusammengebracht, genug für die ganze hintere Wand. Sie würden unzählige Male gehen müssen, um das alles hinaufzubringen.

»Was willst du?« fragte Arn, als Asche näher kam.

»Dir helfen«, erwiderte Asche. »Aber ich sehe, daß du es allein schaffst. Du hast dich rangehalten!«

Asche wurde klar, daß er das sagte, um Arn zu gefallen. Dagegen war nichts einzuwenden. Aber er hatte um nichts in der Welt vor, Arn zu schmeicheln. Er mußte aufpassen.

»Du hast wohl auch etwas getan?« Arns Stimme klang weder freundlich noch unfreundlich.

»Ja«, erwiderte Asche friedfertig, »ich bin fertig, aber ich finde, wir sollten ein wenig an den Strand gehen, wo nur Rohr fürs Dach wächst. Das können wir schneiden, ehe wir heimgehen und das Stachelschwein braten.«

»Ist das, was ich gemacht habe, vielleicht nicht gut genug?«

Nun klang Arns Stimme jedenfalls nicht freundlich.

»Doch, klar ist es gut«, antwortete Asche entschieden.

»Aber ich hab Angst wegen des Feuers. Ich hätte es gerne schon heute unter Dach. Und Rohr ist nun mal das Beste, womit man ein Dach decken kann.«

»Na ja«, Arns Stimme war wieder normal geworden. Wieder einmal hatte der Sklave schneller gedacht, und Arn gab nach. Sie mähten Rohr, bis die Sonne fast über ihren Köpfen stand. Dann füllten sie das Stück Segeltuch damit und gingen zurück zum Stachelschwein.

10

Asche grub mit der Axt mitten in die Glut des Feuers ein Loch. Dann legte er den Lehmklumpen auf die Axt und balancierte ihn vorsichtig dort hinein. Schließlich kratzte er die Glut so darüber zusammen, daß der Lehmklumpen ganz damit bedeckt war. »Das war's«, sagte er. »Nun brät es von allein, bis es soweit ist, daß es gegessen werden kann. Laß uns nun mit der Hütte weitermachen!«

Sie fingen mit dem Giebel genauso an, wie sie die erste Wand gebaut hatten: erst waagrecht Birkenstämme, dann senkrecht Haselruten, und schließlich kam die Flechtarbeit mit dem Schilf an die Reihe. Aber noch ehe sie damit begannen, war das Mittagessen fertig.

Asche stocherte den Lehmklumpen aus dem Feuer, während Arn neugierig zuschaute. Er war immer noch gespannt darauf, wie die Stacheln entfernt würden.

Vorsichtig klopfte Asche auf den Lehmklumpen, der ganz hart gebrannt war. Der Lehm riß, und aus den Ritzen drang etwas Dampf hervor.

»Das sieht ja gut aus«, sagte Asche. »Wenn es dampft, ist es noch nicht vom Braten ausgetrocknet. Du kannst dich also schon im voraus freuen.«

Er achtete sorgfältig darauf, daß seine verbrannten Hände nicht mit dem heißen Lehm in Berührung kamen, als er die Spitze des Speers in einen der Risse steckte und die Kruste abbrach. Diese löste sich und fiel mit der Innenseite nach oben ins Gras. Und nun sah Arn, was Asche gemeint hatte, als er davon sprach, daß der Lehm auch ein Stachelzieher wäre: Alle Stacheln saßen im Lehm fest, und wo die Stacheln gesessen hatten, war nun ein Stück duftendes, leckeres Fleisch.

»Siehst du«, sagte Asche, »das ist kein bißchen schwierig.«

Er fuhr fort, die Lehmkruste abzubrechen, wobei er das Tier mit einem Stöckchen festhielt. Kurz darauf lag der Braten zwischen ihnen, fertig, um gegessen zu werden. Mit dem Stock und dem Speer schrappte Asche dann die Wurzeln heraus und legte sie auf ein Ampferblatt.

»Kannst du's nicht teilen?« fragte Asche. »Du hast keine verbrannten Finger. Den Kopf kannst du meinetwegen abschneiden. Daraus mache ich mir gar nichts.«

Da griff Arn zum Speer und feilte den Kopf des Tieres ab, das er dann der Länge nach durchschnitt. Er verbrannte sich die Finger, denn er hatte es eilig. Der Duft stieg ihm in die Nase, und das Wasser lief ihm im Munde zusammen. Kurz darauf saßen die Jungen, jeder mit seinem Stück Braten, da und hieben kräftig ein.

»Das schmeckt gut«, murmelte Arn, während ihm das Fett das Kinn hinunterlief.

»Ja, und Muscheln schmecken ebensogut. Und dabei werden wir nicht mal das Salz vermissen, denn sie haben Salzwasser in den Schalen.«

Arn dachte wieder mit Mißbehagen an die Muscheln. Doch merkte er, daß er sich allmählich an den Gedanken gewöhnte. Gestern um diese Zeit hätte er nicht einmal davon geträumt, daß er jemals dazu käme, Stachelschweinbraten zu essen. Langsam streckte er die Hand nach einer der Wurzeln aus. Er hoffte, daß Asche die richtigen gewählt hatte und daß sie nicht zu der Art gehörten, von denen man starb.

Gegend Abend waren sie mit der Giebelseite fertig. Der oberste Birkenstamm war an der Langseite befestigt und ein Teil der Hütte überdacht, so daß sie auch ein Feuer in Gang halten konnten, wenn es regnete. Aber das Seil war ihnen ausgegangen, und obwohl sie Rohr und Schilf genug hatten, konnten sie doch das Dach nicht weiterbauen. Das mußte bis morgen warten. Vielleicht fanden sie noch mehr Seil im Bootshaus, und wenn nicht, dann würden sie Streifen vom

Segeltuch abreißen. Aber nun waren sie durstig geworden und mußten erst einmal einen Abstecher zur Quelle machen.

Als sie an den abgebrannten Häusern vorbeigingen, sagte Arn: »Wir verplempern unheimlich viel Zeit, wenn wir jedesmal hinlaufen müssen, nur um zu trinken. Wollen wir nicht versuchen, in diesen Trümmerhaufen herumzuwühlen, wenn wir zurückkommen? Vielleicht haben wir Glück und finden ein Tongefäß.«

»Das können wir gerne machen«, antwortete Asche. »Aber ich glaube nicht daran. Wir haben schon mehr Glück gehabt, als wir je gedacht hätten. Wir haben Axt und Speer und Fleisch gefunden. Und das Wichtigste von allem: wir haben Feuer. Eigentlich sind wir richtig verwöhnt.«

Arn sagte nichts. Aber er hatte das Gefühl, als ob er und Asche unter ›verwöhnt‹ nicht ganz das gleiche verständen.

Sie stocherten in den Überresten der abgebrannten Häuser herum, schoben Balken beiseite, die halb verbrannt waren, und durchgruben dicke Lagen von Asche, aber da gab es nicht viel zu finden. Das, was die Fremden nicht zertrümmert hatten, war durch das Feuer zerstört oder die herunterstürzenden Balken zerschmettert worden. Mutlosigkeit ergriff sie, denn alle beide hatten im stillen damit gerechnet, daß sie fänden, wonach sie suchten.

Plötzlich stieß Arn ein Gebrüll aus: »Hier! Hier ist einer!«

Asche kam angestürzt. Da stand, mitten in der Asche: ein Topf aus Ton, schwarz und schmuck, angesengt vom Feuer.

Die Jungen jauchzten vor Begeisterung. Rings herum und unter dem Topf lagen eine Menge Asche und verkohlte Holzscheite, und Arn grub vorsichtig um ihn herum, um ihn freizuschaufeln. Dann ergriff er ihn und hob ihn hoch. Nicht das leiseste Knacken, nicht das kleinste Geräusch ertönte. Der Topf brach nur in zwei völlig gleiche Teile auseinander, so daß er mit einem halben Topf in jeder Hand dastand. Das Feuer hatte ihn zum Zerspringen gebracht.

Arns Gesicht wurde vor Zorn und Wut dunkelrot. Dann hob er den einen Arm, um den halben Topf von sich zu schleudern, auf irgend etwas zu zerschmettern. Doch noch ehe er etwas fand, das hart genug war, sprang Asche hinzu und packte ihn am Arm.

»Bist du verrückt!« schrie er. »Du machst ihn ja kaputt!«

»Ja, und ob ich ihn kaputtmache! Solch ein Mist! Wozu können wir denn einen halben Topf gebrauchen?«

»Für ganz viele Sachen. Ein halber Topf ist immer noch besser als gar keiner. Und wir haben sogar zwei halbe! Wenn wir sie auf die Seite legen, bleibt immer noch Wasser darin. Du kannst doch nicht einfach Sachen wegschmeißen, nur weil sie nicht genauso sind, wie du sie dir wünschst. Was hättest du denn wohl gesagt, wenn ich den Speer weggeworfen hätte, weil der Schaft zerbrochen war?«

»Na-hein.« Arn hatte noch Tränen der Enttäuschung in den Augen, doch seine Wut ließ allmählich nach. »Mir wäre es egal gewesen!« sagte er.

»Das kann ich gut verstehen, aber du wirst es verwinden«, antwortete Asche tröstend. »Es gibt wirklich viele Sachen, für die wir das hier brauchen können. Zuallererst gehen wir damit zur Quelle und waschen sie aus, und dann nehmen wir Wasser darin mit heim, soviel sie eben halten.«

Das machten sie. Und als sie ein wenig später zur

Hütte zurückkamen, sagte Arn: »Ich bin total verdreckt und hungrig wie ein Wolf.«

»Ich auch«, erwiderte Asche grinsend, während er abwechselnd an sich selbst und an Arn heruntersah. Beide waren sie kohlschwarz vor Ruß.

»Wie wär's denn mit einer Schwimmtour, damit wir wieder sauber, und einer Portion Muscheln, damit wir satt werden?« fuhr er fort.

»Ich glaube, ich begnüge mich mit dem Schwimmen«, sagte Arn lächelnd.

»Wenn du nicht hungrig genug bist, kannst du dich ja mit einem Stück verbranntem Fleisch zufriedengeben. Aber du hast ja Glück. Nun hast du wenigstens Wasser, um es etwas einzuweichen. Siehst du? Die Scherben sind doch ganz nützlich. Wer ist zuerst unten?« Asche drehte sich um und sauste hinunter an den Fjord. Arn folgte ihm dicht auf den Fersen.

Im Verlauf des Abends wurden sie mit der Wand fertig, so daß das Haus nun zwei Wände und fast ein halbes Dach hatte. Als der letzte Schilfhalm festgeflochten war, setzte sich Arn ans Feuer und begann, die Speerspitze zu schleifen. Asche setzte sich neben ihn und legte ein paar Steine zwischen seine Beine. Neben ihm lag ein kleiner Haufen Muscheln, die er vorsichtig aufzuklopfen begann. Als er damit fertig war, holte er den halben Topf, den Arn dazu verwendet hatte, das trockene Fleisch einzuweichen. Es war nur noch wenig Wasser darin zurückgeblieben. Er blieb einen Augenblick stehen, ehe er es auskippte. Dann befreite er alle Muscheltiere von ihren Schalen und legte sie in den halben Topf. Schließlich stellte er drei große Steine ins Feuer und die Topfscheibe oben darauf. Er schlang die Arme um seine Knie, blieb still sitzen und beobachtete Arn. Die Schleifgeräusche vermischten sich mit kleinen, knisternden Zischlauten von den Muscheln. Die Amsel vom Vorabend flötete einen Gute-Nacht-Gruß.

Endlich war Arn mit dem Speer zufrieden. Er ließ seinen Daumen über den Sporn gleiten und schaute vergnügt zu Asche hinüber. Dieser beugte sich vor und brach aus der trockenen Lehmkruste, die immer noch neben dem Feuer lag, einen Stachelschwein-Stachel heraus. Dann steckte er diesen in eine Muschel und reichte sie Arn hinüber.

»Probier das mal!« sagte er. »Jetzt ist es fertiggebraten.«

Arn nahm den kleinen Fleischklumpen entgegen und betrachtete ihn lange. Dann schloß er die Augen, steckte ihn in den Mund, kaute und zögerte. Asche starrte ihn gespannt an. Arn schlug die Augen wieder auf. »Das schmeckt ja... gut!« brachte er heraus. Verwunderung klang aus seiner Stimme.

»Das ist gut!« sagte Asche. Es war deutlich zu merken, daß er erleichtert war. »Nun mach ich mir ums Essen keine Sorgen mehr.«

Er brach einen neuen Stachel aus der Lehmkruste und fischte sich selber ein Stück Muschelfleisch heraus. Sie verspeisten ihr kleine Mahlzeit schweigend.

Arn aß am meisten.

Als sie fertig waren, ging Asche in die Hütte und hackte an einer Stelle unter dem Dach das Gras mit der Axt fort, holte ein wenig Glut und baute einen Scheiterhaufen darüber auf, damit das Feuer gesichert war. Die Glut nahm er von dem Feuer, das um den Baumstumpf geschwelt hatte. Der war längst abgebrannt. »Komm, laß uns jetzt schlafen«, sagte er. »Es ist spät.«

Arn erhob sich und kam zu ihm herüber. Dann blickte er auf das neue Feuer, auf seinen Schlafplatz und auf Asche. »Da kann ich nicht schlafen«, sagte er. »Hier werde ich ja gebraten.«

»Wir brauchen nur dein Schilfbündel hierherzulegen und können nebeneinander schlafen.«

Nebeneinander schlafen? Zusammen mit einem ... Er warf einen raschen Blick auf Asche. Dann wandte er die Augen ab.

»Na ja ... ja, das können wir natürlich.«

Langsam ging er und sammelte seinen Schilfhaufen auf.

11

Im Laufe der nächsten Tage wurde die Hütte fertig. Es war, als wäre für sie das Wichtigste, einen Ort zu bekommen, wo sie sich daheim fühlen konnten – sich sicher fühlten. Das bedeutete, daß zuwenig Zeit fürs Beschaffen von Nahrung blieb, und sie gingen meistens halb hungrig umher, ohne jedoch wirklich Not zu leiden.

Muscheln und das Trockenfleisch gab es immer, und Asche tat, was er konnte, das Essen so abwechslungsreich wie möglich zu gestalten. Er kochte Muschelsuppe und tat Kräuter hinein, die er an der Quelle und im Wald pflückte, und eines Tages stieß er auf eine Kreuzotter, die er mit dem Speer erstach. Sie wurde an einem Holzspieß gebraten und schmeckte ausgezeichnet, aber sie sättigte kaum.

Blaubeeren und Himbeeren gab es auch überall auf den Hügeln und im Wald, aber es dauerte zu lange, so viele zu pflücken, daß sie den Bauch füllten. Also gab es nur ein paar Hände voll, wenn der Magen allzu sehr knurrte. Es war klar, daß sie mehr Zeit brauchten, um für Nahrung zu sorgen, aber zuerst mußte die Hütte fertig werden.

Mit der Tür haperte es. Sie hatten in der südlichen Wand eine Öffnung dafür gelassen, um so wenig Zugwind wie möglich zu bekommen, aber es war schwierig, eine Tür zu machen, die funktionierte. Schließlich fertigten sie einen Wandschirm an, den sie in der Hütte aufbewahrten. Nachts konnte er vor die Öffnung gestellt und an jeder Ecke mit einem Seilende befestigt werden.

Das letzte, was sie bauten, war eine Feuerstelle aus Lehm. Nun waren sie sicher, daß das Feuer nicht auf das trockene Gras auf dem Hüttenboden überspringen konnte. Sie hatten genügend Brände erlebt und auch am eigenen Körper gespürt, wieviel Mühe es machte, eine einfache Hütte zu bauen, vor allem, wenn man nicht das richtige Werkzeug dazu hatte. Endlich konnten sie sich eines Mittags ins Gras setzen und den Anblick der fertigen Hütte genießen. Nach und nach hatten sie angefangen, mehr miteinander zu sprechen, auch wenn sie arbeiteten. Aber meistens ging das Gespräch um das, was sie gerade taten. Noch immer gab es eine gewisse Scheu oder einen Abstand zwischen ihnen. Nur bei der Arbeit war der Unterschied zwischen dem Sklaven und dem Freien verschwunden.

Wie es oft mit Menschen geschieht, die eine große Arbeit erledigt haben, fühlten sie sich auf merkwürdige Art rastlos. Tagelang hatten sie gewußt, was sie vom Morgen bis zum Abend machen mußten, und nun waren sie plötzlich fertig. Zwar waren sie froh und stolz, aber gleichzeitig fühlten sie sich so seltsam leer. Asche konnte es nicht aushalten, nichts zu tun, aber gleichzeitig war es wunderbar, hier zu sitzen und die fertige Hütte anzuschauen. Er griff nach dem Speer und fand ein paar scharfe Feuersteine, die er vor vielen Tagen am Strand gefunden und mit heraufgeschleppt hatte. Dann begann er den Speerschaft abzufeilen und durchzuschneiden, so daß dieser schließlich nur noch so lang wie ein Messerstiel war. Besser ein ganzes Messer als einen halben Speer!

Arn rollte sich auf den Bauch und stützte das Kinn auf seine gefalteten Hände, während er fast verliebt auf die Hütte schaute. Er war daran gewöhnt, in einem festen Holzhaus zu wohnen und zu schlafen. Deswegen kampierte er nicht gern unter offenem Himmel. Asche war das gleichgültig. Wenn das Dach nur hielt!

Mit einem kleinen Knacks brach er das überflüssige Stück Speerschaft ab und feilte dann die letzten Splitter mit einem anderen Stein ab. Geduldig schabte er, bis alles eben und glatt war. Vorsichtig glitt er mit der Hand darüber, ehe er es zu Arn hinüberwarf. Es bohrte sich, direkt vor dessen Nase, in den Boden.

Träge streckte Arn eine Hand aus und zog das Messer heraus. Er wog es in der Hand und strich mit dem Daumen quer über die Schneide. Obwohl das Blatt in der letzten Zeit zu allem möglichen verwendet worden war, war es immer noch scharf. »Das ist gutes Eisen«, sagte Arn und stützte wieder den Kopf auf die Hände.

»Was sagst du?« Asche fuhr mit einem Satz hoch.

Arn hob verwirrt den Kopf und schaute ihn an. »Ich sagte, daß es gutes Eisen ist. Das Blatt ist immer noch scharf, obwohl wir es zu allem möglichen gebraucht haben.«

»Wie konnte ich bloß so saudumm sein?« Asche stammelte fast vor Erregung.

»Ja«, stimmte Arn neckend zu. »Warum denn übrigens?«

»Eisen kann nicht brennen, stimmt's?«

»Nein, wenigstens nicht besonders gut«, gab Arn zu

und schaute etwas verwirrt drein. Er hatte keine Ahnung, um was es Asche ging.

»Ja, aber die Hütte des Schmieds! Die war doch voll von Eisen. Da waren Töpfe und Bottiche und all so was. Ich hab den ganzen letzten Winter den Blasebalg für ihn ziehen müssen, deswegen sollte ich das wohl wissen.«

»Sie werden das genauso mitgenommen haben wie alles andere. Sie. Die Fremden.«

»Das ist gar nicht sicher. Die Hütte vom Schmied sah ja nicht gerade nach was Besonderem aus. Und sie lag doch etwas abseits von den anderen Häusern. Vielleicht haben sie sie nur abgebrannt, wie sie auch die anderen Holzhäuser in Brand gesteckt haben. Komm! Wir müssen rauf und suchen! Wenn wir Glück haben, finden wir eine Menge Sachen, die wir gebrauchen können.«

Kurz darauf liefen sie auf das zu, was einst die Wohnstätte des Schmieds gewesen war.

Sie lag ein Stück von den anderen Häusern entfernt. Der Schmied war kein gewöhnlicher Mann. Er herrschte über das Eisen und das Feuer, zwei der mächtigsten Kräfte, die man kannte. Er stand mit den Göttern im Vertrag, und das bewirkte, daß sich gewöhnliche Menschen ein wenig vor ihm fürchteten. Er war unentbehrlich, aber man hatte ihn am liebsten ein wenig auf Abstand, wenn er sich mit seiner Kunst und seinen Kunststücken befaßte. Und er selber hatte es gar nicht gern, wenn jeder zuschauen konnte, was er machte. Deswegen war es allen Beteiligten angenehm, daß er ein wenig abseits wohnte. Wer mit den Göttern umgeht, ist mächtig. Und vielleicht gefährlich.

Sie liefen hinüber zur Brandstätte und darüber hinweg, daß ihnen die Asche nur so um die Ohren stob. Mitten in den Ruinen gab es eine Erhebung. Asche wies darauf hin.

»Das ist die Esse, und daneben stand der große steinerne Kessel, den der Schmied vor mehreren Jahren von einem Beutezug heimgebracht hat und in dem er das Eisen abkühlte. Er war immer voller Wasser. Komm, hilf mir mal bei den Balken dort!«

Sie bugsierten die schweren, angekohlten Balken auf die Seite und wühlten tief mit den Armen in Holzkohle und Dreck herum. Kurz darauf stießen sie beide ein Freudengeheul aus, als sie den Kessel in den schmalen Lichtstreifen wälzten, der die Staubschichten durchdrang.

»Das ist toll!« rief Arn. »Wie viele Wege zur Quelle der uns ersparen wird! Wir können für mehrere Tage Wasser darin aufbewahren.«

»Hmhmhm!« brummelte Asche.

»Was hast du denn dagegen? Warum bist du so sauer?«

»Es ist nur so, daß du absolut recht hast«, erwiderte Asche.

»Er ist wirklich gewaltig, so gewaltig, daß wir wohl Mühe genug damit haben werden, ihn heimzubringen, wenn er leer ist. Und wenn Wasser darin ist, können wir ihn überhaupt nicht mehr bewegen. Und wenn wir ihn füllen, dann nur, indem wir mit den beiden halben Schüsseln hin- und zurücklaufen. Dann sparen wir weder Zeit noch Kräfte.«

»Nein!« sagte Arn, und auf seiner Stirn bildeten sich Falten. »Damit hast du recht. Aber wir müssen ihn doch nach Hause bekommen. Wir werden ihn rollen. Und dann müssen wir uns was ausdenken, wie wir ihn vollkriegen.«

»Und die einzige Art, wie wir das schaffen, ist, eine Schüssel oder eine Wanne zu finden, in die wirklich genug Wasser hineingeht, die aber trotzdem nicht schwerer wiegt, als wir tragen können. Aber wer sagt denn, daß hier nichts anderes unter all dem Dreck herumliegt? Der Schmied hat ja dies Riesending auch nicht tragen können, wenn es voller Wasser war. Laß uns schauen, ob wir noch mehr finden.«

Und das taten sie dann. Sie husteten, niesten und spuckten, während sie Asche und Staub mit Armen und Beinen aufwirbelten und immer wieder begeistert aufschrien, wenn einer von ihnen das eine oder andere wertvolle Stück fand. Sie hatten das Gefühl, als entdeckten sie Schätze, wie man es hat, wenn man gar nichts besitzt.

So ertönte fast gleichzeitig von beiden ein Schrei.

Doch da gab es einen Unterschied: Arns Schrei klang nach Begeisterung, Asches nach Schmerz. Arn hatte einen Eimer aus dickem Holz gefunden. Der Henkel, der aus einem Seil bestand, war durchgebrannt, aber das Holz war so von Wasser durchtränkt gewesen, daß der Eimer den Brand überstanden hatte. Ein Tau-Ende, ein Streifen Segeltuch oder einfach ein Stock, durch die beiden für den Henkel vorgesehenen Löcher gesteckt, würden es tun. Das Problem, den großen Kessel mit Wasser zu füllen, war gelöst.

Asche hatte schon einen Teil des Werkzeugs vom Schmied gefunden und suchte weiter, indem er immer kräftiger mit den Füßen scharrte, in der Aschenschicht herum. Aber das war nicht ohne Schmerzen abgegangen. Mit aller Kraft war er mit den Zehen gegen das scharfe Eisending gestoßen. Während Arn triumphierend mit seinem Eimer umhertanzte, hopste Asche auf einem Bein herum, hielt sich den schmerzenden Fuß mit beiden Händen und verzog das Gesicht.

Allmählich ließ der Schmerz nach, so daß er auszuhalten war, und Asche beruhigte sich. Er ging zum Amboß hinüber, fegte ihn ab und säuberte ihn mit den Händen. Dann hockte er sich im Schneidersitz davor.

Langsam veränderte sich sein Gesichtsausdruck. Erst lächelte er, dann strahlte er vor Glück oder Erwartung. Langsam, aber sicher nahm eine Idee in seinem Kopf Gestalt an.

Er kniete nieder und begann, sorgfältig mit den Händen den Fußboden der ganzen Ruine zu untersuchen.

12

»Komm und hilf mir! Der ist wer weiß wie schwer!« Arn stand vor dem Kessel und versuchte, ihn aufs Gras vor der großen Brandstätte hinauszuheben.

»Ja, das muß ich wohl.« Asche wirkte abwesend und nicht so begeistert, wie Arn gehofft hatte.

»Ja, aber ich hab doch den Eimer gefunden, mit dem wir ihn füllen können. Beeil dich, Mann! Wir müssen heim und weitermachen!«

»Jaja, ich komm ja schon!« Asche schüttelte leicht den Kopf und lächelte über Arns Aufregung. »Aber was wird aus all dem anderen, was wir gefunden haben?«

»Scheiß drauf! Das kann bis morgen oder bis später warten.«

»Nein«, sagte Asche. »Ich helfe dir jetzt, den Kessel heimzuschaffen, und dann kommst du hinterher mit, um das andere zu holen. Abgemacht?«

»Jaja, wenn du endlich kommst! Aber beeil dich, so ...«

Mit vereinten Kräften brachten sie den Kessel aus der Ruine heraus und aufs Gras hinaus. Im letzten Augenblick kamen sie auf den Gedanken, ihn so hinzulegen, daß sie ihn nicht den Hang hinaufzuschleppen brauchten, sondern hinaufrollen konnten. Ein paarmal mußten sie Zweige abbrechen, die sie als Hebestangen verwendeten, aber sonst war es keine aufregende Arbeit. Sie verlangte nur Kräfte; der Schweiß strömte nur so und vermischte sich auf ihren Körpern mit Staub und Schmutz. Asche hatte schon längst seine Lumpen abgeworfen und ging nun ebenso nackt wie Arn. Das Wetter war dafür geeignet. Noch.

Das letzte Stück war das schlimmste. Es ging ein wenig bergauf, und das hohe Gras am Waldrand und die Zweige und die Baumstümpfe machten das Rollen des Kessels beschwerlicher, aber schließlich stand er da, wo er stehen sollte: an der Nordseite der Hütte, da, wo sich das Wasser am frischesten und kühlsten hielt.

Sie gingen in die Hütte und mühten sich, das Segel von der Wand herunterzuzerren. Vor einigen Tagen hatten sie es geholt, und nun lag es zusammengerollt auf der Hüttenwand, damit es nicht von der Feuchtigkeit des Bodens angegriffen wurde. Sie rissen einen Streifen ab, um daraus einen Henkel für den Eimer zu machen. Dann kehrten sie zur Fundstelle zurück.

Sie steckten den Segeltuchstreifen durch die Eimerlöcher und knoteten die beiden Enden zusammen. Das ergab einen guten, festen Doppelhenkel, der schnell fertig war. Sie füllten den Eimer mit dem, was sie gefunden hatten: mit verschiedenen Zangen, zwei Hämmern – einem großen und einem kleinen – beide ohne Schäfte, denn die waren verbrannt, mit etwas Werkzeug und mit Mengen von Eisenstücken verschiedener Art. Einige waren rund, andere länglich, und diese Barren waren furchtbar schwer. Sie konnten gar nicht alles auf einmal im Eimer tragen, und Arn sortierte sorgfältig die Eisenbarren aus und legte sie beiseite.

»Laß den Dreck liegen«, sagte er schließlich, als

Asche wieder ein Eisenstück vor den Eimer warf. »Dafür haben wir sowieso keine Verwendung.«

»Das denkst du vielleicht«, erwiderte Asche. »Ich kann sie jedenfalls gebrauchen.«

»Gebrauchen, wozu denn?«

»Wart ab und sieh!« antwortete Asche nur, wie gewöhnlich. »Ich werde jedes einzelne Stück brauchen.«

»Bist du total verrückt?« Arns Stimme zitterte vor Mißtrauen. »Bist du dir darüber im klaren, daß das viel schwerer wird als der Kessel? Und man kann es nicht rollen. Wozu denn in aller Welt sollen wir Zeit und Kraft an solch einen Unsinn verschwenden?«

»Das ist kein Unsinn. Und kann man es nicht rollen, dann kann man's ziehen. Und kann's nicht gezogen werden, so müssen wir's tragen. Einen kleinen Haufen jeden Tag, wenn's nötig ist. Und den ersten Haufen tragen wir jetzt. Nun komm schon!«

»Ja, aber *warum*?« Arns Stimme klang fast zornig.

»Weil ich es brauche. Ich will Schmied werden. Den ganzen letzten Winter hab ich *gesehen*, was der Schmied gemacht hat. Nun will ich versuchen, es zu *tun*. Ich hab gut aufgepaßt, ich kann gut beobachten! Komm, faß nun an!«

Sie ächzten und schufteten sich mit den schweren Eisenklumpen ab. Sie schürften sich die Haut von den Händen und schlugen sich die Schienbeine blutig. Sie fluchten und schrien vor Zorn. Es war, als wären die Eisenstücke ein Feind, der besiegt werden mußte. Es wäre eine Mordsniederlage, wenn sie aufgäben, und die Wut auf das widerspenstige Eisen gab ihnen mehr Kraft, als sie eigentlich hatten.

Als sie fast die Hälfte geschafft hatten, sagte Asche: »Laß es für heute genug sein. Es gibt ja noch mehr zu tun. Und mein Bauch ist ein großes, leeres Loch. Heute gibt es wieder Muscheln. Wir können den Eimer mit zur Hütte nehmen. Man kann sehr gut Muscheln darin heimbringen.«

»Ja, und keinem von uns wird es schaden, wenn wir uns ein bißchen saubermachen. Wir sehen schlimm aus. Wer ist zuerst unten?«

»Das bist du, wenn du schnell machst«, grinste Asche. »Ich bin so müde, daß ich am liebsten auf allen vieren kröche.«

Dann gingen sie. Keiner von beiden beeilte sich.

Als sie nach einer Weile im Schatten der Hütte zwischen den Muschelschalen lagen und sich ausruhten, fragte Arn: »Kannst du Bogenschießen?«

»Nein«, antwortete Asche. »Sklaven dürfen keine Waffen haben, das weißt du doch.«

»Ich bin auch nicht besonders gut darin«, gab Arn zu und überhörte absichtlich Asches kleine Anspielung. »Aber ich hab es oft geübt. Vielleicht treffe ich einen Vogel. Es ist ja gut und schön mit den Muscheln, aber man kann sie auch leid werden, wenn man sie jeden Tag kriegt.«

»Ich hab auch eine Idee«, sagte Asche ein wenig später.

»Was für eine?«

»Wie man sich Nahrung verschaffen kann. Das ist mir eingefallen, als wir vorhin Muscheln holen gingen. Da war eine Ente, die mit ihren Küken aus dem Schilf heraus und näher zum Strand schwamm. Aber das ist ein bißchen schwierig.«

»Was meinst du?«

»Ja, ich glaube schon, daß wir sie fangen können. Aber es ist schade, wenn wir sie zu früh fangen und sie noch zu klein sind, denn dann haben sie noch nicht genügend Fleisch. Aber wenn sie zu groß werden, dann fliegen sie fort, und dann bekommen wir gar nichts. Wenn wir zu viele auf einmal totschlagen, verwesen sie uns nur. Und wenn wir die Alte töten, gehen die Jungen ein.«

»Das sind ja entsetzlich viele Probleme«, lachte Arn. »Ich ertrage den Gedanken kaum, daß wir zuviel zu essen bekommen. Aber ich verstehe gut, was du meinst. Wir müssen soviel daraus machen wie möglich. Und ich kann dir ehrlich sagen, wenn ich an etwas Gebratenes denke, dann merke ich überhaupt nicht, daß ich schon Muscheln gegessen habe. Aber wie kriegen wir sie bloß?«

»Das weiß ich nicht«, gab Asche ehrlich zu. »Wir müssen uns etwas ausdenken. Kannst du sie treffen, wenn du dir deinen Bogen gemacht hast?«

»Das weiß ich nicht. Wenn ich nahe genug herankomme, ist es möglich. Aber es wird wohl leichter werden, wenn ich die erste Ente erwischt habe, denn dann kann ich mir Pfeile mit einer Lenkfeder machen.«

»Ich hab darüber nachgedacht, daß wir es vielleicht auch mit einem guten, dicken Stock schaffen«, sagte Asche. »Wenn wir uns von zwei Seiten ans Schilf schleichen, schwimmen sie hinaus. Und dann müssen wir die Stöcke flach übers Wasser werfen.«

»Das klingt gar nicht so dumm. Das ist jedenfalls genauso gut, wie wenn ich nach ihnen schieße. Sollen wir's gleich mal versuchen?«

»Das können wir wohl. Aber wir werfen nur, wenn die Küken groß genug sind. Ich hab sie aus der Entfernung nur als Punkte erkennen können. Und ich hoffe, daß wir nicht mehr als eins treffen. Die werden nur schlecht bei dieser Hitze.«

»Bestimmt nicht!« Arn wirkte sehr sicher.

»Wie können wir das verhindern? Wir haben doch kein Salz!«

»Wir können sie ja räuchern. Dann halten sie sich.«

»Verstehst du was davon?« fragte Asche zweifelnd.

»Ein bißchen. Ich weiß wenigstens, wie man's macht. Aber dazu müssen wir uns einen Räucherofen bauen. Wir brauchen etwas Lehm dafür.«

»Der Eimer!« sagte Asche. »Laß uns zuerst den Ofen bauen. Ich kann den Gedanken nicht ertragen, daß eine ganze Ente schlecht wird. Und wir haben ja heute schon gegessen.«

Sie standen beide auf. Der eine nahm die Axt, um die Trockenschicht zu durchbrechen, der andere den Eimer.

Auf dem Weg zur Lehmkuhle fing Arn an zu lachen, zuerst leise vor sich hin, aber dann immer lauter, und schließlich platzte er fast vor Lachen.

»Worüber lachst du?« fragte Asche verwirrt. Es war unangenehm schwül. Er schwitzte, und die Fliegen schwirrten ihm um den Kopf. Er sah nicht ein, was es zu lachen gab.

»Wir sind wirklich nicht recht gescheit!« grinste Arn. »Wir ahnen ja nicht mal, ob wir überhaupt eine einzige Ente kriegen. Und da fangen wir trotzdem an, einen Ofen zu bauen für den Fall, daß wir zwei auf einmal erwischen.«

Arn lachte immer noch, und schließlich stimmte Asche auch mit ein. Sie alberten und lachten, während sie den Lehm ausgruben. Bevor sie heimgingen, begaben sie sich zur Quelle und tranken, bis sie fast platzten.

Spät am Nachmittag waren sie mit dem Ofen fertig. Der war wirklich nicht besonders kompliziert. Er glich einem hohen, schmalen Topf ohne Boden. Sie hatten einfach Lehmwürste aufeinandergelegt und diese glattgestrichen.

Es war so heiß, daß der Lehm rasch vor Trockenheit Risse bekam, deswegen mußten sie sich beeilen. Als sie mit dem obersten Teil fertig waren, war der unterste schon so trocken, daß sie eine Öffnung ausschneiden konnten, ohne daß das Ganze deswegen zusammenstürzte.

Diese Öffnung war als Feuerloch gedacht. Das Stück, das sie herausgeschnitten hatten, bewahrten sie auf. Das Loch mußte zugemacht werden können, damit nicht zuviel Luft hereinkam. Das Brennmaterial sollte glimmen, nicht hell brennen. Von dem letzten Rest Lehm machten sie ein paar Platten, die das obere Loch abdecken konnten.

Ein junger, schlanker Vogelbeerbaum stand neben dem Ofen. Sie fällten ihn und zerkleinerten ihn in Scheite von fast Armeslänge. Dann gingen sie zum Fjord hinunter. Asche nahm den Eimer mit.

Sie hatten ausgelost, wer den Umweg machen sollte, wenn sie sich von zwei Seiten näherten. Asche hatte verloren, und nun waren sie auf dem Weg. Sie schlichen über den weichen Wiesengrund und versuchten, den Atem anzuhalten. So kamen sie richtig aus der Puste. Auch die feuchte Wärme trug dazu bei.

Sie hatten verabredet, daß sie stehenbleiben und ihre Stöcke hochhalten wollten, wenn sie am Ziel waren. So konnten sie gleichzeitig hinaus ins Wasser waten; so war die Chance, dicht an die Enten heranzukommen, am größten.

Sie waren fast gleichzeitig am Ziel, und jeder sah den Stock des anderen über dem Schilfwald. Sie winkten sich damit zu und schlichen vorsichtig am Schilf entlang ins Wasser hinein. Asche schob seine Füße langsam durchs Wasser und hob sie nicht bei jedem Schritt, um nicht zu platschen. Das Wasser war flach, und nahe am Ufer war es lauwarm. Er schaute zum Himmel. Über ihm war keine Wolke zu sehen, und die Sonne stach unangenehm. Aber hinten am Horizont zogen sich Wolken zusammen, und er hatte das Gefühl, daß ein Unwetter heraufzog. Dann starrte er wieder geradeaus und watete weiter.

Er hörte ein erschrecktes Quaken und blieb stehen. Es quakte nochmals, und er vernahm deutlich ein Platschen. Er lief ein paar Schritte weiter und sah die Enten nicht weit von sich entfernt: zuvorderst die alte Ente, dahinter, fast in Reih und Glied, etwa acht bis zehn Küken. Doch konnte er das alles nur undeutlich erkennen, als er den Arm hob und den Stock durch die Luft wirbeln ließ. Fast gleichzeitig kam Arns Stock angesaust. Er patschte kurz vor dem Ziel ins Wasser, sein eigener flog zu weit. Quakend und schnatternd verschwanden die Enten draußen im Fjord.

Sie trafen sich, als sie ihre Stöcke aufsammelten, ein wenig betreten über den mißlungenen Versuch. Anfangs sagte keiner von beiden ein Wort. Dann sprach Arn: »Jaja, die Methode ist schon in Ordnung. Einmal wird es wohl glücken. Und du hast ja den Eimer mitgebracht.«

»Das hab ich getan, damit wir sie hinterher vom Lehm säubern könnten«, verteidigte sich Asche.

»Ja, und um dann Muscheln mit heimzunehmen«, grinste Arn.

»Wer ist zuerst da?«

Als sie zurückkamen, gingen sie zusammen in den Wald. Beide waren auf der Suche nach Holz. Arn für einen Bogen, Asche für ein paar Hammerschäfte. Während sie gingen, wurde es dunkler und dunkler, aber es war eigentlich dafür zu früh. Die Sonne war noch nicht untergegangen, aber schwarze und lilafarbene Wolken verdeckten sie, und trotzdem stand die Hitze noch wie eine Mauer zwischen den Bäumen.

Das Unwetter näherte sich langsam. Das Gewölk

verdichtete sich über ihren Köpfen. Sie schafften es gerade noch mit ihrem Holz, bevor das Unwetter losbrach, denn sie rannten den ganzen Weg heim.

13

»Ich bin sicher, daß es unheimlich stark regnen wird«, prustete Asche, als sie die Hütte erreichten. »Hilf mir, ein Stück Segeltuch über den Rauchabzug zu legen. Sonst geht der kaputt.«

Sie quälten sich mit dem Stoff ab, bis er richtig lag, und legten ein paar große Steine auf den Rand, damit er nicht fortgeblasen wurde. Nun zuckten ein paar Blitze am Himmel, und das Donnergetöse drohte die Jungen in die Knie zu zwingen.

»Los, laß uns was zum Brennen reinholen!« rief Arn durch das Toben. »Und ein paar dünne Zweige, damit wir ein wenig Beleuchtung bekommen.«

Rings um die Hütte lag wohl trockenes Holz, die Stücke waren für ein Holzfeuer wirklich zu lang, aber sie konnten sie ja an einem Ende in Brand stecken und allmählich, wenn sie abbrannten, weiter hinein ins Feuer schieben. Die dünnen Zweige flammten rasch auf, und ein paar verharzte Fichtenzweige ließen sich als kleine Fackeln benutzen. Dafür hatten sie gute Verwendung. Es war dunkler geworden, als es üblicherweise in der Nacht war.

Obwohl es immer noch nicht regnete, war es in der Hütte doch schöner. Wenn diese auch nur aus Stöcken und aus Schilf bestand, so vermittelte sie ihnen doch ein Gefühl von Sicherheit vor den riesigen Kräften, die über ihren Häuptern entfesselt waren. Sie saßen und schauten zur Tür hinaus und verspürten beide eine mit

Angst gemischte Neugier, als sie die Blitze beobachteten, die wie Feuersäulen zwischen Himmel und Erde standen und danach in den Fjord einschlugen, daß das Wasser nur so hochgewirbelt wurde.

Asche saß da, einen Hammerkopf in der einen Hand, das Messer in der anderen. Er wollte das verbrannte Holz aus dem Loch im Hammerkopf herauskratzen, um einen neuen Schaft hineinstecken zu können. Aber es wurde nichts Rechtes daraus. Er konnte die Augen nicht von dem gewaltigen Schauspiel lösen, das sich draußen vor der Hütte abspielte, und er hatte so ein merkwürdiges Gefühl, als ob die Natur alle ihre Kräfte einsetzte, um sich gegen etwas zu empören. Das Gefühl kannte er gut von sich selbst. Die Lust, gegen alles zu rebellieren, war nach seiner Meinung unsinnig. Sogar die Lust, gegen das Sklavendasein zu rebellieren. Er hatte lange, lange Zeit Lust dazu gehabt, aber er hatte es nicht gewagt, hatte es nicht gekonnt. Es wäre verrückt gewesen, es zu versuchen, und es hätte ihn gewiß das Leben gekostet.

Aber in der letzten Zeit war alles anders geworden. In dem Augenblick, als er den Gedanken faßte, Schmied zu werden, war er sich auch darüber im klaren, daß er nie wieder Sklave sein wollte. Nie, nie mehr! Er war jetzt frei, und wenn Arn weiterhin glaubte, daß er ein Sklave wäre, mußte er lernen, daß er sich täuschte. So oder so.

Asche legte den Hammerkopf und das Messer weg, stützte das Kinn auf die Hände und blickte über den Fjord. Nur wenn ein Blitz aufzuckte, war das leichte, feine Lächeln zu erkennen, das auf seinem Gesicht lag.

Arn hatte Lust, sich zu unterhalten, aber das war bei dem Grollen des Donners schwierig, und der einzige, mit dem er hätte schwatzen können, sah nicht so aus, als hätte er Lust dazu. Deswegen schwieg er. Auf eine gewisse Art war das Gewitter spannend, aber gleichzeitig fürchtete Arn sich ein wenig. Zum erstenmal seit vielen Tagen vermißte er wirklich seine Mutter und die Schwester. Eigentlich war es merkwürdig, aber es hatte ja so viel zu tun gegeben. Er war immer so beschäftigt, und das war irgendwie spannend, wenn es auch hart gewesen war und er sich abends oft todmüde hinlegte. Wieder blickte er zu Asche hinüber, der als noch dunkleres Etwas in der Finsternis saß und über das Wasser spähte. Was wäre wohl aus ihm geworden, wenn er Asche nicht gehabt hätte?

Arn erinnerte sich an den ersten Morgen. Asche hatte ihn winselnd und ängstlich vorgefunden, aber er schob diesen Gedanken beiseite. Daran erinnerte er sich gar nicht gern. Mehrere Begebenheiten aus der letzten Zeit gingen ihm durch den Kopf, und allen war gemeinsam, daß er sie nachträglich gerne verändert hätte. Es ließ sich nur nicht machen. Es war eine Zeit mit wenig Siegen und vielen Niederlagen gewesen. Aber Asche hatte sich nichts anmerken lassen. Arn gab sich selber gegenüber zu, daß er, auch wenn dies unmöglich schien, doch anfing, sich mit diesem Sklaven verbunden zu fühlen.

Ein schneidendes Licht und ein besonders lauter Donnerschlag ließen ihn zusammenfahren und rissen ihn aus seinen Gedanken heraus. Er erhob sich und warf eine Handvoll Stöckchen aufs Feuer. Es flammte auf und machte die Hütte für einen Augenblick hell. Dann setzte sich Arn wieder – etwas näher zu Asche als vorher.

Es schien, als könnte sich das Gewitter nicht aus dem Kessel verziehen, den die Berge um den Fjord herum bildeten. Es entfernte sich und kam wieder näher, es wanderte im Kreis herum, als würde es von einem Riesenlöffel im Kessel umgerührt. Es war, als wolle es niemals aufhören. Dann mischte sich in das Donnern ein merkwürdig sausendes Geräusch, und der Fjord, der sonst eine ganz glatte und ruhige Fläche bildete, begann plötzlich zu leben. Gleich darauf erreichte der Regen die Hütte. Wie mit Eimern schüttete es senkrecht aus den Wolken herunter.

Asche hob langsam den Kopf. »Nun kommt die Probe, ob das Dach dicht hält«, sagte er. Es schien so, als wäre er weit fort gewesen. »Wenn es das aushält, wird es alles aushalten.«

»Und was machen wir, wenn es das nicht tut?« fragte Arn.

»Uns damit abfinden«, erwiderte Asche und zuckte mit den Schultern. »Und dann auf das Feuer achten. Vielleicht werden wir den Rest des Segels brauchen, um uns darin einzurollen. Ich glaube, es fängt gleich an, draußen zu stürmen, und dann kann's ganz schön kalt werden.«

Asche sollte recht behalten. Fünf Jahre in einer einfachen Sklavenhütte hatten ihn eine ganze Menge über Wind und Wetter gelehrt. Die großen Regenmassen kühlten die Luft tüchtig ab, und es dauerte nicht lange, bis der erste Windstoß am Strohdach der Hütte zerrte. Der Regen, der bisher senkrecht heruntergeströmt war, kam nun in waagrechten Stößen gegen die Hütte geklatscht, und es wurde im Nu kalt. Rasch schoben sie die Tür vor die Öffnung und befestigten sie mit Seilenden. Zur Sicherheit rissen sie einen Streifen vom Segel ab und banden es quer über die Tür an den Pfosten fest. Sie wollten nicht, daß der Wind hereinblies und nach Belieben mit der Glut spielte. Selbst wenn draußen alles triefend naß war, so waren doch die Wände an der Innenseite noch immer trocken.

Das Sommergewitter dauerte an, und die Donnerschläge, die eine Zeitlang nur aus der Ferne dröhnten, näherten sich wieder auf ihrem Tanz um den Fjord. Die Hütte war stockfinster, abgesehen von dem bißchen Licht, das das Feuer verbreitete, und beide hatten große Lust, trockenes Holz darauf zu werfen, um das Feuer heller aufflammen zu lassen und damit etwas von dem Unbehagen zu vertreiben. Aber keiner wußte, wie lange es noch dauern würde, deswegen taten sie nur einmal ein paar Stöckchen und ein Stück von einem Kiefernzweig darauf, als es einfach nicht mehr auszuhalten war.

Nach einer Weile drang das Wasser allmählich durchs Dach und durch die Westwand der Hütte, auf der der Wind lag. Sie trugen das Schilf, auf dem sie nachts schliefen, hinüber in den anderen Teil der Hütte, damit es trocken blieb, und warfen ein paar Holzscheite mehr aufs Feuer. Sie froren und hatten sich beide in ihre Schlafdecken gewickelt, aber das reichte nicht aus, um die Kälte abzuhalten.

Einmal zwischendurch, als das dröhnende Unwetter eine Pause machte, hörten sie ein »Puff!« und ein leises Zischen vom Feuer. Es war ein Wassertropfen, der durchs Dach gedrungen und herunter ins Feuer gefallen war. Aber es bestand keine Gefahr, daß das Feuer ausgehen könnte. Das Dach war dichter, als sie zu hoffen gewagt hatten.

Anfangs, als es zu stürmen begann, war Asche ängstlich gewesen. Er wußte, wenn einer von ihnen auch nur bei einem einzigen Knoten gepfuscht hatte, als sie das Rohr an die Dachbalken knüpften, würde der Wind ein Loch reißen. Und war erst einmal eins da, konnten das ganze Dach und vielleicht auch die Wände einstürzen. Aber die Knoten hielten. Asches Respekt vor Arn stieg ein wenig.

»Ich friere«, sagte Arn und klapperte mit den Zähnen. Es war das erste Mal seit langem, daß einer von ihnen etwas sagte.

»Ich auch«, erwiderte Asche. Beide saßen so dicht wie möglich am Feuer, die von den Flammen abgewandten Körperteile waren eiskalt.

»Hilf mir mit dem Segel!« fuhr Arn fort und stand auf. »Wir müssen uns einwickeln.«

Sie mußten kämpfen, um die Reste des großen Segels in dem kleinen Raum auszubreiten, ohne daß es Feuer fing. Aber schließlich gelang es ihnen. Sie saßen nun dicht nebeneinander in das Segel gewickelt. Anfangs fühlte es sich kalt und klamm auf der bloßen Haut an, aber dann erwärmte es sich, und ihre nackten Körper wärmten sich gegenseitig. Beide Jungen genossen es. Sie hatten sich so lange danach gesehnt, jemanden zu berühren. Arn verspürte eine Ruhe in sich, wie er sie schon lange nicht mehr gefühlt hatte. Und gleichzeitig ging ihm ein Gedanke durch den Kopf, während sie beide dasaßen und ins Feuer starrten.

Das Unwetter war wieder fortgezogen und sandte nur noch ein Donnern aus weiter Ferne. Es regnete immer noch, aber nieselnd und ruhig, denn der Wind hatte sich gelegt. Die Schwüle schien zurückzukehren, doch keiner von beiden machte Anstalten, sich vom Segel zu befreien. Hin und wieder zog der eine oder andere einen Arm hervor, um einen Zweig aufs Feuer zu werfen, aber nun mehr des Lichtes als der Wärme wegen. Keiner von beiden hatte eine Ahnung, wie lange sie dagesessen hatten. Vielleicht Stunden.

»Du hast eines Abends gesagt ...«, fing Arn schließlich an, stockte aber gleich wieder.

»Ja?« fragte Asche und wandte langsam den Kopf. Sie saßen so dicht, daß sich ihre Nasen hätten berühren können.

»Du hast einmal gesagt: ›In den fünf Jahren, die ich

Sklave war ...‹ Das war an einem der ersten Abende. Ich hab dich wohl gefragt, ob du nicht müde wärst ...«

»Na ja«, sagte Asche und starrte ins Feuer.

»Was hast du damit gemeint?«

»Womit?«

»Mit den fünf Jahren. Was bist du vorher gewesen, vor den fünf Jahren, als du kein Sklave warst?«

»Frei, selbstverständlich.« Asche sagte es ganz ruhig und natürlich.

»Frei?« Arn verspürte ein merkwürdiges Gefühl im Magen. Er hatte diese Antwort wohl erwartet, denn es gab ja keine andere, aber irgendwie machte ihm das ein wenig angst.

»Wieso frei?« fragte er dann, als Asche nichts mehr sagte.

»Genauso wie du. In meiner eigenen Siedlung.«

»Soll das heißen, daß ...?«

Arn konnte die Wörter gar nicht richtig herausbringen. Er wußte wohl, wonach er fragen, und er wußte innerlich genau, was er wissen wollte, und das machte ihn ängstlich. Er dachte an seine Mutter und an seine Schwester. Und allmählich begann er, an Asches Mutter und Geschwister zu denken.

»Ja«, antwortete Asche ein wenig später. »Das heißt, daß immer der Stärkste das Recht hat, aus den anderen Sklaven zu machen, weil er eben der Stärkste ist. Daß Macht Recht ist. Aber das stimmt nicht. Macht ist falsch.«

Arn fühlte sich unwohl. Er sah seinen Vater vor sich, mächtig, stark und reich. Und dann sah er Asches Vater vor sich, wie dieser ihn viele Jahre lang täglich gesehen hatte. Und er spürte Asches harte Muskeln auf seiner Haut. »Erzähle!« sagte er. »Erzähl mir davon!«

14

Asche löste seinen Arm aus dem Segel und nahm einen langen Stock auf. Er saß und stocherte aufs Geratewohl damit im Feuer herum, während er erzählte: »Ich bin in einem Land auf der südlichen Seite des Mittelmeeres geboren. Wir nannten es ›Das Land mit den großen, dunklen Wäldern‹, denn so bezeichneten es die Fremden, die dorthin kamen, um Handel mit uns zu treiben. Unsere Siedlungen waren reich und schön, reicher als eure, denn es gab dort mehr Gold und Silber. Sonst war sie dieser ähnlich, aber wir, die wir dort wohnten, waren dunkelhäutiger, als ihr es seid, und die meisten von uns hatten schwarzes Haar.

Unsere Siedlung lag dort, wo ein großer, breiter Fluß ins Meer mündete. Im Winter war es sehr kalt, kälter als hier, aber die Sommer waren warm, und dann gingen alle Männer auf Handelsfahrt. Manchmal fuhren sie übers Meer, aber meistens segelten sie den großen Fluß aufwärts und kamen in fremde Länder. Oft kamen auch fremde Schiffe zu unserer Siedlung, um mit uns zu handeln.

Mein Vater war Häuptling und der mächtigste Mann am Ort. Er war es, der die Schiffe führte, wenn sie auf Sommerfahrt gingen. Er hatte auch Sklaven. Einer von ihnen hatte eine helle Haut und so weißes Haar wie du.

Dann wurde er in einem Winter krank. Er bekam Beulen am ganzen Körper und Fieber. Als die Schiffe auf Sommerfahrt gehen sollten, lag er noch im Bett, und sie mußten ohne ihn fort. Die Sonne tat ihm gut, und es ging ihm immer besser, aber er war noch schwach. Eines Tages war es sehr warm, und es wurde auch nachts nicht kühler. Man konnte gar nicht einschlafen, und als es endlich doch ging, schlief ich trotzdem nicht so gut. Ich hatte meine Schlafdecke fortgestoßen und lag ganz nackt da. Die Tür stand offen, damit ein wenig Luft hereinkam. Wenn sie zu gewesen wäre, hätte ich sicherlich nichts gehört. Aber als ich Laufschritte mitten in der Nacht vernahm, war ich mir darüber klar, daß etwas faul war.

›Wacht auf, da kommt wer!‹ konnte ich gerade noch rufen. Einen Augenblick später stand der erste Mann in der Tür. Die anderen kamen gleich hinterher. Ich konnte ihre Gestalten in dem helleren Viereck der Tür erkennen, als sie sich hereindrängten. Die Frauen und die anderen Kinder waren aufgewacht, und der Raum quoll nur so von Getümmel und Geschrei über. Wir Kinder weinten, aber ich glaube nicht, daß jemand da war, der es hörte. Die Frauen waren von den Schlafpritschen aufgesprungen und versuchten, ihre Kinder zu schützen, wurden aber von ihnen fortgerissen und hingeworfen. Die Männer waren wie verrückt. Es war, als sollte alles kaputtgeschlagen und zerstört werden. Mein Vater war auf die Beine gekommen, aber er war viel zu schwach, um Widerstand zu leisten. Er wurde bewußtlos geschlagen und gefesselt.

Dann wurden wir alle zusammen zu den Schiffen getrieben. Das letzte, was die Männer taten, war, alle Häuser in Brand zu stecken. Ich kann es jetzt noch hören, wie die Kühe brüllten, als sie verbrannten. Wir hörten es noch ganz weit draußen auf den Schiffen.

Wir sind viele Tage gesegelt. Ich war schrecklich krank und mußte mich übergeben. Wir kamen an vielen Inseln vorbei, an großen und kleinen, und irgendwo legten wir auch an, um Wasser und Nahrung zu übernehmen, oder damit die Männer plündern konnten. Schließlich kamen wir hierher. Und seitdem bin ich hier.«

Asche hatte ruhig und leidenschaftslos erzählt. Es war deutlich zu spüren, daß dies alles lange zurück lag, vor langer Zeit geschehen war und wie er es seither in Gedanken immer wieder durchlebt hatte, bis er sich schließlich daran gewöhnt hatte.

Aber auf Arn machte die Erzählung Eindruck. »War mein ... mein Vater dabei?« fragte er bald darauf.

»Ja, natürlich. Er war es doch, der die Schiffe anführte. Sonst wäre ich wohl nicht sein Sklave geworden.«

»Stimmt es, daß dein Vater Häuptling war? Daß du ein Häuptlingssohn warst?«

»Häuptlingssohn *bin*«, berichtigte Asche ihn. »Aber was hat das jetzt noch zu bedeuten?«

»Glaubst du, daß meine Mutter auch ... und meine Schwester ...«

»Ob sie jetzt Sklaven sind? Ja, natürlich sind sie's. Was hast du dir denn gedacht? Haben sie vielleicht Macht? Klar haben sie keine. Vielleicht wohnen sie in einer Hütte zusammen mit meiner Mutter, meinem Vater und meinen Geschwistern. Jedenfalls werden sie von den gleichen Menschen verprügelt. Falls sie nicht verkauft werden.«

»Aber das ist ja ... fürchterlich.« Selbst wenn Arn sich im Innern darüber ganz im klaren gewesen war, so wirkte es dennoch brutal, es so ins Gesicht geworfen zu bekommen. Er spürte einen Kloß im Halse.

»Ja, das ist wirklich schrecklich! Es ist genauso schrecklich, wie daß meine Mutter und mein Vater Sklaven sind!«

»Ja, aber du hast dich doch daran gewöhnt ... ich meine, manche sind als Sklaven geboren. Die sind es ihr ganzes Leben gewesen ...«

»Und meinst du vielleicht, daß das besser wäre?« In Asches Stimme war ein harter Ton gekommen.

»Es ist nicht sicher, daß sie es als so schlimm empfinden. Nachdem sie ja nichts anderes kennen, meine ich.« Arn versuchte zu beschwichtigen, aber er konnte selbst recht gut hören, daß das nicht allzu beweiskräftig klang.

»Kannst du denn gar nicht sehen, um was es geht? Verstehst du nicht, daß es – daß einer eben Sklave ist und der andere nicht –, daß das ganz dummes Zeug ist? Das alles ist doch vollkommen zufällig. Ich bin geboren, um Häuptling zu werden, und wurde zum Sklaven. Du bist geboren, um Häuptling zu werden, und wirst es gewiß auch. Falls dein Vater im Herbst lebendig heimkehrt.«

»Das tut er! Da bin ich ganz sicher!« Arn war erschrocken; er konnte diesen Gedanken gar nicht ertragen.

»Na ja, sagen wir's mal so. Aber wird dadurch das Ganze gerechter? Ist es gerechter, daß ich Sklave wurde und du Häuptling wirst? Oder umgekehrt?«

»Also, welchen Unsinn du redest!«

»Das kann gut sein.« Asche fühlte sich selbst ein wenig unsicher in seinen Worten, aber nicht in seinen Gedanken. »Aber ich weiß jedenfalls, was ich meine.«

Arn schwieg. Auch er fühlte sich unsicher. Bald darauf sagte er: »Wenn mein Vater heimkommt, ziehen wir aus, um nach meiner Mutter und meiner Schwester zu suchen. Da bin ich ganz sicher. Vielleicht finden wir auch deine Familie. Und wenn ich ihn bitte, wird er dich bestimmt freigeben, weil du mir geholfen hast.« In Arns Stimme klang Erwartung mit.

»Das brauchst du nicht.« Asche sagte es ganz ruhig.

»Was meinst du? Willst du denn nicht gerne frei werden?« Arn war ein einziges großes Staunen.

»Ich *bin* frei!«

»Was meinst du?«

»Das, was ich gesagt habe. Ich bin frei.« Asche stocherte gelassen mit seinem Stöckchen in der Glut herum.

»Aber . . . aber wenn ich dir nicht die Freiheit gebe?«

»Dann schlag ich dich tot!« sagte Asche, ohne die Stimme zu heben.

Arn versuchte unwillkürlich von ihm fortzurücken, aber das war unmöglich, denn das Segel war fest um beide gewickelt.

»Mich totschlagen? Wie denn?«

»Das weiß ich nicht.« Asche zuckte mit den Schultern. »Da gibt's viele Möglichkeiten.«

»Aber . . . wenn mein Vater dich nicht freiläßt?«

»Dann schlag ich auch ihn tot.«

»Schlägst ihn tot?« Arn lachte, aber es klang nicht so, als ob er sich amüsiere. »Ich fürchte, er wird derjenige sein, der dich zuerst erschlägt.«

»Das ist doch gleich«, antwortete Asche ernsthaft. »Dann bin ich jedenfalls nicht mehr länger Sklave.«

Sie saßen lange und schwiegen. Arn versuchte, sich aus dem Segel zu befreien, aber das war unmöglich, wenn Asche nicht nachhalf.

Schließlich fragte Arn: »Kannst du dir wirklich vorstellen, daß du mich totschlägst?«

»Ja«, antwortete Asche, aber in seiner Stimme war keinerlei Haß. »Wenn es nötig ist. Möchtest du lieber, daß ich dich zu meinem Sklaven mache? Ich bin der Stärkere.«

Arn antwortete nicht.

»Du hast wohl Angst bekommen?« fragte Asche später.

»Jaha«, Arn gab es langsam und widerwillig zu. »Ein wenig.«

»Nun weißt du, wie's ist. Aber du brauchst keine Angst zu haben . . . Du entscheidest es ja selber. Wollen wir uns schlafen legen? Es ist sicher schon spät geworden.«

Ohne sich wieder aus dem Segel auszuwickeln, rollten sie quer über den Boden zu dem Schilfhaufen. Dann krochen sie dicht nebeneinander hinein und fielen in Schlaf. Sie lagen da wie ein paar junge Hunde. Der Regen hatte aufgehört, und der Wind hatte sich gelegt. Eine Singdrossel sang – als erste wie gewöhnlich – seit einer halben Stunde. Nun versuchte es eine Amsel mit den ersten weichen Flötentönen. Draußen, im Nordosten, war der Himmel hell geworden.

Die Nacht war schon fast vorbei, ohne daß sie es bemerkt hatten.

15

Das Unwetter und die Kälte hatten sie daran erinnert, daß sie Kleidung brauchten, und am nächsten Tag fingen sie damit an. Sie legten sich abwechselnd aufs Segel, während der andere jeweils mit einem Stück Holzkohle die Umrisse abzeichnete. Danach feilten und schnitten sie die Stücke so mit dem Messer aus, daß jeder zwei bekam. Das eine Stück von Asche war längsgestreift, das andere quer. Aber, wie er auf Arns Einwand sagte, war das egal, denn so könnten sie immer erkennen, wer welcher war, falls sie einander aus der Entfernung sahen.

Arn gab ihm vollen Ernstes recht, denn es war ihm klargeworden, welch einen Unsinn er selber verzapft hatte. So amüsierten sie sich für den Rest des Tages, indem sie die Stücke zusammennähten, das heißt, mit den Stacheln vom Stachelschwein Löcher hineinstachen und danach Fäden hindurchzogen, die sie von der Kante des Segels ausgerissen hatten. Gegen Abend waren sie damit fertig, und jeder konnte in seinen Kittel schlüpfen. Der hatte kurze Ärmel, reichte bis mitten auf den Oberschenkel und war genau das, was sie brauchten, wenn das Wetter schlecht war. Mit einem Streifen Segeltuch als Gürtel war es auch ein gutes Kleidungsstück für die Arbeit.

Zweimal hatten sie im Laufe des Tages die Näharbeit fortgelegt und einen Stoß Eisenklumpen geholt.

Als sie mit den Kleidern fertig waren, fing Asche an, für den einen Hammer einen Schaft zu schnitzen. Er war fest entschlossen, das Werkzeug in Ordnung zu bringen, bevor er mit der Schmiedearbeit anfing.

Arn erhob sich und nahm den Eimer. »Ich bin hungrig!« sagte er. »Ich hol mal gleich einen Eimer Muscheln. Und dann freue ich mich auf den Tag, an dem wir einmal Zeit genug haben, etwas anderes zu essen zu beschaffen. Verstehst du was vom Fischen?«

»Nein«, erwiderte Asche, »nicht besonders viel. Nur in Flüssen und Bächen. Das hab ich daheim gelernt, bevor ich Sklave wurde. Wir haben mit den Händen Fische gefangen oder mit einer dünnen Schnur. Ich kann mich gut daran erinnern, wie man das macht. Aber man muß Übung haben.«

»Ich bin manchmal mit auf dem Fjord gewesen, wenn die Männer mit Reusen gefischt haben. Ich weiß wohl, wie man's macht, aber ich kann selber keine Reusen machen. Sie müssen aus Weidenruten geflochten werden.«

»Das kann ich, wenn du nur weißt, wie sie aussehen sollen«, sagte Asche eifrig. »Wir haben auf Matten geschlafen, die aus geflochtener Weidenrinde gemacht waren, drüben in der anderen Hütte. Ich hab eine ganze Menge solcher Matten gemacht.«

»Wir müssen uns gegenseitig helfen«, erwiderte Arn froh. »Stell dir vor, wir würden ein paar richtige Fische fangen! Allein der Gedanke macht mir Bauchschmerzen. Aber nun hol ich erst mal einen Eimer voll Schalenfische.«

Arn lief hinunter zum Fjord, während Asche mit seiner Schnitzarbeit fortfuhr. ›Wir müssen einander helfen‹, dachte er und lächelte. Welch ein Unterschied zum ersten Tag!

Als Arn zum Strand hinunterkam, warf er den Eimer hin und ging langsam tiefer ins Wasser hinein. In der einen Hand hielt er einen guten, festen Stock.

Als er sich einem bestimmten Punkt im Schilf näherte, ging er noch langsamer. Schließlich schlich er nur noch weiter.

Seine Heimkehr zur Hütte wurde ein richtiger Triumph. In der einen Hand trug er den Eimer mit Wasser, in der anderen eine junge, fast ausgewachsene Ente. Seine Augen funkelten, und er hatte alle Mühe, sich zu beherrschen, als er Asche das Küken hinwarf und versuchte, ruhig zu bleiben, während er sagte: »Leider hab ich keine Muscheln gefunden. Deswegen müssen wir uns mit dem hier begnügen!«

Asche schaute nur auf das Küken und auf Arn, und schon sprang er auf und brach in ein Freudengeheul aus.

»Wo in aller Welt hast du das her?« Asche nahm die Ente hoch und hielt sie von sich, während er sich gierig und hungrig den Mund leckte.

»Ach, ich bin gerade vorbeigeschlichen, und da hab ich's totgeschlagen. Ich war ja ohnehin da unten«, antwortete Arn und versuchte, das Lachen zu unterdrücken.

»Ach, halt die Klappe!« Asche gab Arn einen Schubs, daß dieser durchs Gras rollte. »Los, laß uns anfangen! Mein Magen rumort schon fast ebenso schlimm wie das Gewitter gestern abend.«

»Ja«, sagte Arn und kam wieder auf die Beine. »Aber wie muß man das denn machen?«

»Erst mal die Federn rausreißen.«

»Ja, das hab ich mir fast gedacht. Aber wie? Wir können's doch sicher nicht so einpacken wie das Stachelschwein?«

»Ich hab's noch nie probiert. Wir ziehen sie wohl lieber raus! Eigentlich müßten wir es in kochendes Wasser tauchen, aber davon haben wir nicht genug. Es wird wohl auch so gehen. Es ist ja noch nicht so alt. Und die Federn, die wir nicht rauskriegen, brennen wir ab, wenn wir es braten. Los, fang an! Wir beginnen erst mal jeder mit einem Flügel.«

Sie entfernten die Federn und nahmen die Eingeweide heraus.

»So«, sagte Asche. »Nun braucht es nur noch gewaschen zu werden, und dann fehlt uns wieder Salz. Das ist ärgerlich. Aber wir müssen statt dessen was anderes nehmen.«

»Können wir es nicht mit Salzwasser ausspülen?« schlug Arn vor. »Ich habe einen Eimer voll vom Fjord mitgebracht, um den großen Kessel sauberzumachen.«

»Ja, natürlich«, ereiferte sich Asche. »Dann bekommt sie doch etwas Salz, und du kannst hinterher das Salzwasser nehmen, um den Kessel zu waschen. Der ist sowieso ganz verdreckt, deswegen müssen wir ihn mehrmals waschen. Wenn du sie abspülst und ein paar von den Wurzeln da hinten ausgräbst, suche ich inzwischen etwas, womit wir sie würzen können. Verrückt, wie ich mich auf den Entenbraten freue! Du wirst von heute an zum Jäger der Siedlung ernannt.«

Asche verschwand im Wald, während Arn anfing, die Ente zu waschen. Er war froh und stolz über sein Jagdglück, aber am stolzesten war er darauf, daß Asche ihn gelobt hatte. Die Welt stand auf dem Kopf. Stolz, von einem Sklaven gelobt zu werden! Da mußte er wieder an Asches Worte vom gestrigen Abend denken: ›Ich bin frei!‹ Aber trotzdem!

Während er mit der Axt die Wurzeln ausgrub und sie säuberte, überdachte er den ganzen Abend noch einmal. Es war ein ernster Abend gewesen, aber auch ein guter. Er jedenfalls war der Meinung, daß es ein guter war. Einer von denen, an die er sich erinnern würde. ›Dich totschlagen!‹ Das war nicht freundlich gewesen. Er hatte sich gefürchtet. Nicht davor, daß Asche aufspringen und ihn totschlagen würde. Aber er hatte Angst davor gehabt, in der Gewalt eines anderen zu sein. Er war sicher, daß er nun etwas darüber wußte, was es hieß, ein Sklave zu sein.

Aber heute hatte ihn Asche gelobt.

Sie saßen und saugten das letzte Entenfett von den Fingern, satt bis oben hin und träge. Asche rülpste laut und inbrünstig.

»Danke fürs Essen!« sagte er.

Arn antwortete nicht. Er schaffte es nicht. Er war zu satt.

»Wir müssen uns beeilen«, fuhr Asche fort.

»Womit denn?« fragte Arn erschrocken. Ausgerechnet jetzt war er nicht imstande, sich mit irgend etwas zu beeilen.

»Mit der Jagd auf die anderen Enten. Sie fliegen vielleicht in ein paar Tagen fort, und dann ist es vorbei mit der Beute.«

»Ich versuch's wieder, morgen«, murmelte Arn.

Während die Ente über der Glut brutzelte, hatten sie sich beide mit kleineren Arbeiten beschäftigt. Arn hatte den Kessel mit mehreren Eimern voll Wasser ausgewaschen, das er vom Fjord holte, weil es näher dorthin war als zur Quelle, und schließlich hatte er angefangen, einen Bogenstrang aus Fäden zu flechten, die er aus dem Segeltuch zog. Es war eine Geduldsprobe, denn ein Teil der Fäden war angefault, und es genügte eine kleine, faule Stelle, um den Bogenstrang unbrauchbar zu machen.

Asche hatte an seinem Hammerschaft gearbeitet. Der erste Hammer war fast fertig.

Sie waren recht zufrieden, als sie sich schlafen legten. Man sieht der Zukunft leichter ins Auge, wenn man satt ist!

Sie machten die Entdeckung gemeinsam am nächsten Tag, als sie den großen Kessel mit frischem Wasser aus der Quelle füllen wollten.

»Wir müssen erst das Salzwasser ausleeren«, sagte Arn. »Ich glaube, ich hatte es gestern abend so eilig mit dem Entenbraten, daß ich das letzte Salzwasser darin gelassen habe.«

»Da erinnerst du dich aber nicht richtig«, sagte Asche, der neben dem Kessel stand. »Er ist ganz trocken.«

»Dann ist es wohl verdampft«, protestierte Arn. »Ich bin ganz sicher, daß gestern abend noch Wasser darin war. Aber bei dieser Hitze können wir wohl auch nichts anderes erwarten«, fuhr er fort und blickte zur Sonne empor, die an einem lichtblauen Himmel hing und so aussah, als gäbe es einfach keinen Donner, keine Wolken, kein Unwetter.

»Man kann allerdings recht gut sehen, daß du mit dem Saubermachen nicht ganz fertig geworden bist«, neckte ihn Asche gutmütig. »Er ist immer noch unten dreckig.«

»Was für ein Unsinn! Er ist vollständig sauber.« Arn wirkte seiner Sache sicher.

»Komm und sieh doch selbst! Was ist denn das Grauweiße da unten auf dem Boden? Das dort, es sieht wie Staub aus!«

Arn kam herüber und sah nach. Asche hatte recht. Auf dem Grund des Kessels befand sich eine feine Lage Staub.

»Gestern abend war das nicht da«, sagte Arn entschieden. »Und das letzte Wasser war ganz sauber.« Er steckte einen Finger in den Kessel und kratzte an dem Schmutz.

»Das sitzt ja ganz fest!« sagte er überrascht.

Asche prüfte nach. Es *saß* fest! Sie kratzten alle beide den Staub los und sahen dann auf ihre Finger, an denen das Pulver saß. Plötzlich leckte Asche daran.

Einen Augenblick blieb er stehen und sah nachdenklich aus. Arn konnte sehen, wie er daran schmeckte.

»Es ist Salz!« rief er dann.

»Unmöglich!« erwiderte Arn. »Wo soll das denn herkommen?«

»Keine Ahnung. Aber es ist Salz. Probier selbst!«

Arn probierte. Es *war* Salz.

»Aber wo, in aller Welt, kommt das denn her?« fragte Arn.

Asche blieb stehen und dachte nach, ehe er antwortete.

»Ich weiß es nicht«, sagte er schließlich. »Aber du hast gestern abend Wasser hineingekippt, und das ist verdampft. Das Wasser hast du vom Fjord geholt, und das war Salzwasser. Dann muß es daher kommen.«

Arn mußte ihm recht geben. Er konnte jedenfalls selber keine andere Erklärung finden.

»Aber weißt du, was?« Arn runzelte vor lauter Nachdenken die Stirn. »Dann können wir ja einfach ... wir können selber ...«

»Ja, natürlich! Wir holen abwechselnd einen Eimer voll. Ich zuerst, und du machst inzwischen ein ordentliches Feuer.«

»Warum das denn?«

»Weil Wasser dampft, wenn es kocht. Wir werden der Sonne ein wenig nachhelfen. Du hast doch selbst gesagt, daß wir einander helfen müssen«, grinste Asche. Dann verschwand er mit dem Eimer.

16

Die Tage verstrichen, der Sommer ging dahin.

Jeder Tag war voller Arbeit, aber sie arbeiteten ja für sich selber und taten es gern.

Ein großer Stein zum Draufhämmern war längst auf dem Platz, und Asche schmiedete jeden Tag. Er hatte sich eine Esse aus Lehm gebaut und Holzkohle auf den Brandstätten gesammelt. Die taugte nicht viel, aber er hatte Glück gehabt und eine ganze Menge Holzkohle im Kohlenmeiler neben der Schmiedehütte gefunden. Wenn er die beiden Sorten mischte, gaben sie Wärme genug, um das Eisen zum Glühen zu bringen. Er besaß keinen Blasebalg, aber er hatte einen Holunderzweig ausgehöhlt, der in ein Loch am Ofen gesteckt werden konnte. Wenn er die Kohlen richtig zum Glühen bringen wollte, mußte er in dieses Holunderrohr blasen. Das war mühsam, und es ging nur langsam, aber es hatte Erfolg. Und wenn Arn Zeit hatte, half er pusten.

Im Anfang hämmerte Asche bloß auf das glühende Eisen los, im blinden Glauben, daß es sich wohl seinem Willen fügen würde. Als er endlich einsehen mußte, daß es nicht so einfach war, setzte er sich hin und schloß die Augen, um sich zu erinnern, wie der Schmied es gemacht hatte. Stunde für Stunde saß er so da, versuchte es wieder, setzte sich, probierte noch einmal. Am Abend vor dem Einschlafen ging er in Gedanken zurück in die Schmiede und bemühte sich, sich an jede, aber auch jede Bewegung zu erinnern, die der Schmied gemacht hatte.

Allmählich ging es immer besser, und schließlich entdeckte er, daß er das Eisen mit dem Hammer flach schlagen mußte. Er hatte den ersten und wichtigsten Schritt auf sein Ziel zu getan: das Eisen und das Feuer zu beherrschen.

Danach ging es rasch vorwärts. Er lernte, das Eisen zu biegen und umzubiegen, ohne daß es riß, und die ersten nützlichen Gegenstände nahmen unter seinen Händen Gestalt an: Spitzen für Arns Pfeile. Es war ihm ganz unmöglich, seinen Stolz zu verbergen, als er Arn die erste überreichte.

Arn übte sich treulich im Bogenschießen. Er war zwar nicht der große Meisterschütze, aber es war offensichtlich, daß er immer tüchtiger darin wurde, und immer öfter kam er mit einem Vogel heim. Er war es, der das meiste zum Essen besorgte, und sie bereiteten es miteinander zu.

Sie hatten einander auch dabei geholfen, Reusen aus Rinde und Weidenzweigen herzustellen. Die sahen nicht gerade elegant aus, aber die Jungen waren sich darüber einig, daß sie brauchbar waren. Sie ruderten in einem der kleinen Boote hinaus und warfen die Reusen ins Wasser. Aber zuvor hatten sie einen dünnen Streifen Segeltuch oben an jeder Reuse befestigt. Ans andere Ende banden sie ein Stückchen Holz, das auf der Wasserfläche schwamm, damit sie die Reusen wiederfanden. Sie waren stolz auf ihr Werk und sicher, daß sie massenhaft Fische fangen würden.

Deswegen waren sie auch tief enttäuscht, als sie keinen Fisch fingen. Sie wateten oder fuhren mit dem Boot jeden Tag zu den Reusen hinaus, aber nicht ein einziger Fisch saß darin. Niemand hatte ihnen gesagt, daß man mit frischen Reusen keine Fische fangen kann. Erst wenn die Reusen eine Zeitlang im Wasser gelegen haben und nach Wasser riechen und schmecken, nach Tang und nach Schlamm, bestehen Aussichten für einen Fang.

Schließlich gaben sie es auf und ließen die Reusen liegen.

Sie mußten sich eben mit Muscheln, Pflanzenwurzeln und mit dem begnügen, was Arn schoß oder fing. Aber es ging, sie hungerten nie.

Arn hatte alle jungen Enten aus der Nähe erbeutet, und sie hatten sie gesalzen und geräuchert. Zwar schmeckten die Enten kräftig nach Rauch, aber sie waren trotzdem Leckerbissen, auf die man zurückgreifen konnte, wenn nichts anderes da war. Aber trotzdem gingen sie sparsam damit um. Sie waren ihre Reserve, und nachdem sie herausgefunden hatten, daß sie sich selbst mit Salz versorgen konnten, noch ehe sie mit dem Räuchern begonnen hatten, war das ein Vorrat, der sich hielt.

Arn kam den Fjord entlanggeschlendert und trug den Bogen in der Hand. Es war ein richtig schlechter Tag gewesen. Lange war er hinter zwei großen Saatkrähen hergeschlichen, die von Baum zu Baum geflattert waren und ihn weit von der Hütte fortgelockt hatten. Schließlich kam er ihnen spät am Nachmittag so nahe, daß er auf sie schießen konnte. Er hob ruhig und vorsichtig den Bogen, zog die Sehne zurück, zielte – und da riß die Sehne mit einem scharfen Laut. Der Bogen schnellte knallend hoch, daß Arn der Arm weh tat, und die Krähen verschwanden schreiend und schnatternd zwischen den Bäumen.

Vor Enttäuschung hätte Arn heulen können. Er drehte sich um und ging heim. Nun gab's Muscheln, das war sicher.

Auf seinem Weg durch den Wald überquerte er eine Lichtung. Hier fiel ihm ein Baum auf, der anders aussah als die übrigen. Nun hatte er doch noch ein bißchen Glück! Es war ein Apfelbaum. Er zog den Kittel aus, pflückte einen Haufen Äpfel und legte sie darauf! Er schnürte ihn wie einen Beutel zusammen. Er wußte, daß Waldäpfel so sauer waren, daß einem die Tränen kommen konnten, aber sie füllten den Magen und waren eine Abwechslung.

Dann ging er weiter zu den Muscheln. Er legte sie oben auf die Äpfel und sorgte dafür, daß es genug waren. Asche aß keineswegs weniger, seitdem er Schmied geworden war, und er selber wurde von seinen weiten Jagdausflügen hungrig. Auf dem Weg zum Land warf er einen Blick aufs Schilf, in dem die Enten gesessen hatten. Da fielen ihm die Reusen ein. Sie hatten seit vielen, vielen Tagen nicht mehr nach ihnen gesehen. Warum sollten sie auch, wenn sie doch keine Fische fingen? Aber nun hatte er Zeit dazu und konnte mit seinem kaputten Bogen doch nichts mehr anfangen. Es war mindestens ebenso lustig, nach den Reusen zu sehen wie in Asches Holunderzweig zu pusten. Er legte seinen Beutel über die andere Schulter und watete zu den Reusen hinüber.

Schon bei der ersten stellte er fest, daß er zu spät gekommen war. Zwei dicke Krabben saßen darin, und ein abgenagtes, ausgehöhltes Fischskelett zeigte, was sie angelockt hatte. Arn fluchte und schüttelte die Reusen, um die Krabben herauszubekommen. Aber die Reuse war so eingerichtet, daß wohl etwas hinein-, doch nichts herauskommen konnte, und so blieben die Krabben drinnen.

Schließlich warf er die Reuse fort und watete an Land. Er warf den Beutel mit den Äpfeln und Muscheln auf die Wiese, suchte sich einen Stock und watete wieder hinaus. Er mußte mit dem Stock die Krabben zerstückeln, und er tat es, indem er den Stock durch die Löcher der Reuse steckte. Das besorgte er gründlich und mit einem gewissen grausamen Vergnügen.

Sie hatten schließlich seinen Fisch gefressen. In der nächsten Reuse fand er ebenfalls Krabben und ein Fischskelett. Aber da war auch ein Fisch! Eine Forelle. Keine große, aber immerhin ein schöner Fisch, ein Fisch, der Nahrung bedeutete. Vorsichtig nahm er die Reuse hoch und wußte nicht gleich, was er tun sollte. Wie bekam er die Forelle heraus? Und was war, wenn sie zappelte und entkam?

Schließlich nahm er die Reuse unter den Arm und watete zum Land hinüber. Auf der Wiese konnte er sicher mit der Forelle fertig werden, auch wenn er den Umgang mit Fischen nicht gewohnt war.

Es gelang ihm, die Krabben totzuschlagen, und nun steckte er die Hand in die Reuse, um die Forelle herauszuholen. Sie zappelte und schlug mit dem Schwanz, und es war schwierig, sie festzuhalten, aber schließlich konnte er sie doch bei den Kiemen packen und herausholen. Er schlug ihren Kopf ein paarmal auf einen Stein, bis sie sich nicht mehr rührte. Dann nahm er sie hoch und schaute sie an. Er hatte ein wenig Herzklopfen und freute sich darauf, heim zu Asche zu kommen.

Er legte den Fisch zu den Äpfeln und den Muscheln und pulte das Fischskelett und die Reste von den Krabben heraus. Dann watete er wieder hinaus ins Wasser zu den nächsten Reusen.

Im ganzen machte er diesen Weg dreimal. In der nächsten Reuse saßen drei Aale, aber einer davon war tot. In der vierten fand er wieder eine Forelle, die etwas kleiner war als die erste. In der letzten befanden sich zwei Skelette und eine Menge Krabben.

Arn war es ganz schwindlig im Kopf vor Fangfreude.

Während er sich mit den Aalen herumschlug, die er nicht aus den Reusen bekam, dachte er daran, wie unglaublich viel sich daraus ergeben konnte, wenn ein Bogen kaputtging. Wenn die Sehne nicht durchgerissen wäre, hätte er keine Muscheln geholt, und er hätte einfach keine Zeit dazu gehabt, zu den Reusen zu gehen. Nun saß er mit vier Fischen da. Die Skelette zeigten deutlich, daß er öfter welche fangen konnte. Eine Menge Nahrung war ihnen entgangen, aber das würde in Zukunft anders werden. Die Reusen würden das erste sein, was er jeden Morgen kontrollierte.

Während er darüber nachdachte, was geschehen war und was geschehen würde, schlug er sich immer noch damit herum, die Aale aus den Reusen herauszubekommen. Er hatte sie schon oft erwischt, aber immer schlängelten sie sich aus seinem Griff heraus, so daß er wieder von vorne beginnen mußte. Seine Hände waren voller Schleim, und er überlegte, wie er sie töten könnte, wenn er sie erst einmal herausbefördert hatte. Das Messer fehlte ihm, aber das nächste Mal würde er dafür sorgen, daß er es dabeihatte.

Schließlich kam er auf die Idee, seine schleimigen Hände auf dem Ufersand abzureiben. Es gelang ihm, den ersten Aal herauszuziehen. Aber sobald dieser draußen war, entschlüpfte er ihm und schlängelte durchs Gras, und im Nu war er auf dem Weg zum Wasser. Arn stürzte hinterher, warf sich über ihn, verlor ihn und faßte ihn wieder. Als der Aal sich dem Sand näherte, hatte er ihn endlich fest gepackt, durfte ihn aber nicht loslassen. Es war nur ein kleines Stück bis zum Wasser.

Schließlich bückte er sich über den Aal, bohrte ihm die Zähne in den Leib und hielt ihn mit beiden Händen links und rechts vom Mund fest. So trug er ihn zum Beutel und ließ ihn lebend zwischen die Muscheln, die

Forellen und die Äpfel fallen. Auf diese Weise bekam er auch den anderen Aal in den Griff.

Rasch schnürte er seinen Gürtelstreifen um den Beutel, damit die widerstrebenden Aale nicht aufs neue verschwanden. Und dann eilte er, fast im Dauerlauf, mit den Reusen hinaus. Er konnte es kaum erwarten, mit seinem Fang zu Asche zu kommen.

Asches Hammerschläge klangen munter durch die stille Landschaft, und Arn spürte, wie sein Herz vor Erwartung, was Asche zum Fang sagen würde, fest klopfte. Und wie gewöhnlich, wenn etwas Besonderes los war, bemühte er sich, gleichgültig dreinzublicken, so daß Asche ihn sofort durchschaute. Sobald Asche ihn sah, verschwand er in der Hütte, kam aber gleich wieder zum Vorschein und legte ein Stück Eisen in die Glut. Dann winkte er ihm zu, während er sich hinkniete und in den Holunderzweig zu pusten begann.

Arn bemühte sich, das letzte Stück langsam und ruhig zu gehen. Er warf den Beutel auf den Boden und trocknete sich mit dem Arm die Stirn.

»Hallo!« sagte er und verschnaufte sich.

»Hallo, großer Jäger!« Asche war damit beschäftigt, Leben in die glühende Holzkohle zu blasen. »Was bringst du zum Abendessen mit?«

»Du kannst ja mal raten!« schlug Arn vor und zeigte auf den gestreiften Beutel, der eigentlich sein Kittel war und der von Wasser triefte.

»Das sieht einer Portion Muscheln ziemlich ähnlich«, meinte Asche.

»Richtig geraten!« erwiderte Arn, während er den Beutel aufband. Dann steckte er die Hand hinein und warf Asche eine Handvoll Muscheln hin. Der fing sie auf, versetzte einer einen Schlag mit dem Hammer und schlabberte das Muschelfleisch in sich hinein.

»Du kannst auch etwas Obst haben«, fuhr Arn fort

und ließ ein paar Äpfel durchs Gras rollen. »Die Sehne von meinem Bogen ist gerissen, weißt du«, fuhr er fort.

»Oh, wie ärgerlich!« Asche hatte echtes Mitgefühl mit Arn. Es war, wie wenn eins seiner Werkzeuge kaputtging. »Aber wir kommen auch gut mit Muscheln und Äpfeln zurecht«, tröstete er.

»Im übrigen hab ich da noch was«, sagte Arn und warf Asche die kleinere Forelle zu. Er konnte die Spannung kaum noch ertragen.

»Was in aller . . .«

»Und diese hier!« Arn warf die größere Forelle hinüber. »Und diese hier!« rief er und sprang auf und tanzte herum, während er die Aale aus dem Beutel schüttelte. »Aber paß auf, daß sie nicht abhauen! Die sind noch verdammt lebendig!«

»Ja, aber wie . . .« Asche war aufgesprungen und sah verblüfft aus.

»Natürlich die Reusen!« Arn rief es fast. »Aber paß jetzt auf die beiden Burschen da auf! Denen darf man nicht trauen! Wenn du wüßtest, was für eine Mühe ich mit denen hatte! Wo ist das Messer?«

Asche fand das Messer, und mit dessen Hilfe konnten sie den Aalen die Hälse abschneiden.

»Das ist ja ganz fabelhaft!« rief Asche aus, als sie sicher waren, daß die Aale nicht mehr entkommen konnten. »Wie hast du denn das angestellt?«

Arn stürzte sich in eine lange dramatische Schilderung seiner Erlebnisse von den Krähen und dem zerbrochenen Bogen bis zu dem Moment, als er seine Zähne in die Aale bohrte. »Aber wir können noch viele fangen, da bin ich ganz sicher«, schloß er. »Ich weiß, daß die Krabben sie aufgefressen haben. In Zukunft werde ich jeden Morgen die Reusen kontrollieren. Aber dazu brauche ich das Messer. Du kannst dir nicht vorstellen, wie sehr ich heute ein Messer vermißt habe.«

Asche lächelte ein wenig eigenartig, als Arn vom Messer sprach. Während Arn berichtete, hatte er bereits die Fische geputzt, die nun vor ihm im Gras lagen.

»Weißt du was?« sagte er. »Heute abend feiern wir. Mittsommernacht. Es ist zwar ganz gewiß zu spät, aber wir haben's ja nicht gefeiert, als Mittsommer war. Los, laß uns mit dem Kochen anfangen! Wir werden Muschelsuppe, gebratene Fische und Äpfel essen.«

17

Der Sommer neigte sich. Die Tage waren gekommen und gegangen, mit Sonne und mit Regen und Wind, und die Hütte sah allmählich ein wenig mitgenommen aus. Hoffentlich kamen die Männer zeitig heim, so daß sie Häuser zimmern konnten, ehe der Herbst richtig begann. Langsam war der Zusammenhalt zwischen den Jungen zu einer Kameradschaft geworden und dann sogar zur Freundschaft, wie es ja auch sein mußte. Sie arbeiteten gut zusammen, und in vieler Hinsicht stimmten sie fast überein, während sie in anderen Punkten ganz verschiedener Meinung waren.

Nachdem Arn angefangen hatte, Fische zu fangen, war die Ernährung kein Problem mehr. Gewiß gab es nicht jeden Tag einen Fang, aber Arn wurde immer tüchtiger beim Jagen, und er genoß es. Er konnte auch immer besser Kräuter und Wurzeln voneinander unterscheiden, und von Asches Kochkunst hatte er manches gelernt. Er genoß das Gefühl, daß *er* es war, der ihre kleine Siedlung mit Nahrung versorgte.

Asche brauchte seine ganze Zeit fürs Schmieden. Er wollte so tüchtig darin werden, daß er mit dem Schmied zusammenarbeiten konnte, wenn dieser vom Wikingerzug heimkam. Es würde schon noch genügend Arbeit geben, wenn die Siedlung wieder aufgebaut wurde, und je mehr er konnte, um so einfacher würde es für Arn sein, seinen Vater zu überreden, Asche freizugeben. Wenn das nicht glückte, war er fest entschlossen zu fliehen. Aber im Laufe des Sommers hatte er Arn so schätzen gelernt, daß er am liebsten bleiben wollte.

Das war wohl auch die einzige Möglichkeit, die er hatte, seine Familie wiederzufinden. Und wenn er selber ein freier Schmied war, konnte er sie ja freikaufen, wenn es anders nicht möglich war. Das konnte teuer werden, sehr teuer, aber er wußte, daß er auf Arns Hilfe zählen durfte.

Wenn das Ganze mißglückte, dann mußte er fliehen, um nicht wieder Sklave zu werden, und um so wichtiger war es, daß er soviel lernte wie nur möglich. Ein tüchtiger Schmied wurde an vielen Orten gebraucht, aber er war so jung, daß er gezwungen sein würde, seine Tüchtigkeit zu beweisen, ehe man ihm glaubte.

Deswegen schuftete er.

Schon lange hatte er an einem Blatt für eine Axt gearbeitet, und Arn war so nett gewesen, ihm mit dem Pusterohr dabei zu helfen, denn das Eisen war dick und brauchte große Hitze. Er hatte sich sehr bemüht, das Loch für den Schaft zu machen; er hatte keine Ahnung, wie man das anfing und mußte es selber herausfinden. Asche hatte das Eisen mit einer Zange gehalten und versucht, den Meißel hineinzuklopfen, aber das Eisen wurde einfach nicht heiß genug. Schließlich gab er es auf. Er mußte einen Schmied fragen. Die Axt selbst hatte er in die richtige Form gebracht, und nun brannte er ein Loch in den Schaft und keilte das Blatt darin fest.

Von da an begannen sie, große Bäume zu fällen. Es sollte eine Überraschung für die Männer werden, wenn sie heimkamen und neue Häuser bauen mußten. Die ersten Stämme lagen bereits da, von einer Axt gefällt, die Asche gemacht hatte. Das zählte und war auch ein Pluspunkt für ihn. Asche hatte seinen Plan mit Umsicht entworfen. Die Stare sammelten sich schon in großen Scharen. Jeden Abend kamen sie zu Tausenden, ja Zehntausenden, flogen flach über den Fjord, flatterten hoch und verschwanden, drehten plötzlich um, alle auf einmal, kehrten zurück und setzten ihre Vorstellung fort, ehe sie sich schließlich mit großem Spektakel im Schilf niederließen. Am nächsten Morgen waren sie fort, aber sie kamen jeden Abend wieder.

Die Nächte waren dunkler geworden, die Abende kürzer, und die Jungen gingen immer häufiger hinunter zum Fjord, um zur Meerenge zu spähen, von wo die Schiffe kommen mußten – wenn sie schließlich kamen. Sie wußten ganz gut, daß es noch zu früh war, aber beide wünschten, daß die Männer zeitiger zurückkämen als sonst. Wenn sie Glück gehabt hatten, das hieß, wenn sie viel geplündert und gehandelt hatten, konnte es vorkommen, daß sie frühzeitig kamen.

Sie wußten beide ganz genau, warum sie den täglichen Gang unternahmen, aber darüber sprachen sie nie; sie taten, als wäre nichts weiter. Und jeden Tag kehrten sie enttäuscht heim.

Ringsum auf den mageren Feldern war das Korn reif geworden, aber es war kein Sklave da, der es erntete. Zwischen den Halmen blieb reichlich Platz, denn der Sommer war trocken und heiß gewesen. Die Jungen versuchten ein paarmal, einige Händevoll zu ernten und die Körner mit den Fingern zu zerdrücken. Danach versuchten sie auch, das Korn zu mahlen und Grütze aus dem Mehl zu kochen, aber keiner von beiden machte sich viel aus dem Ergebnis. Es schmeckte nach nichts, doch an kalten Tagen wärmte die Grütze gut im Magen, und das brauchten sie.

Ihre Kittel waren zerrissen und verschlissen, wenn sie auch die schlimmsten Löcher mit Hilfe der Stachelschweinstacheln und der Fäden von den Resten des Segeltuchs zuzunähen versuchten. Ja, auch wenn weder Arn noch Asche den Mut verloren hatten, so sollten die Männer doch bald heimkommen!

An einem dunklen Herbstabend saßen sie am Feuer und knabberten an zwei Vögeln, die Arn geschossen hatte. In der Luft lag Kühle, und sie hatten sich ihre Schlafdecken um die Schultern gelegt, während sie dasaßen und beim Essen miteinander schwatzten. Waren sie anfangs schweigsam gewesen, so redeten sie nun um so mehr miteinander. Meistens sprachen sie von der Zukunft, was geschehen würde, wenn die Männer heimkämen, wie die Siedlung wieder aufgebaut würde und wie sie ihre Familien fänden. Sie waren sicher, daß sie sie weiter im Norden suchen müßten, denn alle Schiffe fuhren im Frühjahr nach Süden und mußten deswegen wieder nach Norden, wenn sie heim wollten. Sie hatten sich ausgedacht, daß Arns Vater etliche Männer in den Norden schicken müßte. Da sie Arns Mutter und Schwester und die anderen Frauen von der Siedlung kannten, würde es nicht schwierig sein, sie zu finden. Sobald sie sie entdeckt hatten, sollten sie zurückkommen, und dann würde man einen Rachezug unternehmen. Wenn sie Glück hatten, konnten sie mit Schiffen fahren, bevor sich das Eis über den Fjord legte. Sonst mußten sie über Land ziehen.

Arn saß und sprach zum x-ten Mal über den Plan. Er war sicher, daß er glücken würde.

Schließlich schwieg er.

Kurz darauf sagte Asche: »Ich hab was für dich. Etwas, was ich dir schenken möchte.«

»Was denn?« Arns Frage klang neugierig und erwartungsvoll.

»Wart ab und sieh!« erwiderte Asche, wie so oft zuvor.

»Wo steckt es denn? Los, hol es, Mann!«

»In der Hütte.« Asche stand auf. »Bleib nur sitzen!«

Kurz darauf kam er zurück. Er trug etwas Längliches in der Hand, das Arn im Dunkeln nicht erkennen konnte.

»Bitte!« sagte Asche und hielt es ihm hin.

Arn nahm es entgegen. Es war ein Messer in einer Holzscheide, vollendet in der Form und schneidend scharf.

Arn saß da wie gelähmt. »Ja ... aber, das ist ja ein Messer!« stammelte er endlich.

»Ja«, lächelte Asche verlegen. »Falls du dich mal allein wehren mußt. Und du kannst dich wehren, wenn ich gezwungen bin, dich totzuschlagen.« Asche sagte das mit breitem Grinsen.

Arn grinste zurück. Dann rutschte er näher ans Feuer, um genauer sehen zu können. Die Scheide war geschliffen und geglättet, so daß sie sich fast weich anfühlte. Sie war gefleckt und ausgehöhlt, und danach waren die Stücke mit ganz feinen Streifen getrockneter Aalhaut zusammengezurrt. Das Messer selbst war schön geschmiedet und scharf, und der Schaft war aus Eschenholz, das sorgfältig geschnitzt und mit Harz und Aalhaut befestigt war. Es war ein Messer, das jeder Mann mit Freude besäße, und die Herstellung mußte viel Zeit gekostet haben.

»Wie ist es ... schön! Wann hast du es gemacht?« fragte Arn erstaunt.

»Wenn du draußen warst, um Nahrung zu beschaffen«, antwortete Asche. »Und wenn du daheim warst, hatte ich's in der Hütte versteckt. Du hättest mich am ersten Tag fast überrascht, als du mit den Fischen heimkamst. Ich konnte es gerade noch verstecken, und fast das erste, wovon du sprachst, war, daß dir ein Messer fehlte.«

»Aber warum soll ich's denn haben?« fragte Arn.

»Weil ... « Asche wurde verlegen. »Weil es das erste Messer ist, das ich gemacht habe. Und weil ich glaube, daß es gut geworden ist.«

Er schwieg. Das mußte Erklärung genug sein.

Arn verstand. Oder fing langsam an zu verstehen. In seinem Kopf rumorte ein Gedanke, ob das, was Asche gemacht hatte, eines Häuptlings würdig sei. Und gleichzeitig, als er an das Wort ›Häuptling‹ dachte, schämte er sich, denn wenn er an das Wort ›Häuptling‹ dachte, dachte er in gewisser Weise auch an das Wort ›Sklave‹.

Die Erlebnisse des Sommers tummelten sich bunt durcheinander in seinem Kopf. Einzelne Episoden blieben gleichsam einen Augenblick vor der Innenseite seines Auges stehen. Er sah sich selbst deutlich am ersten Morgen nach dem Überfall und dann heute. Er war mit der Veränderung nicht unzufrieden, die er durchgemacht hatte, und er brauchte nicht länger darüber nachzudenken, wer die Veränderung bewirkt hatte.

»Danke!« sagte er leise. Und ein wenig später fügte er hinzu: »Auch für all das andere.«

Asche überhörte das letzte. Es war zu schwierig, darauf zu antworten. »Danke auch«, sagte er. »Ich hoffe, du kannst es brauchen.«

Dann setzten sie sich und spähten über den Fjord. Zum ersten Mal seit langer Zeit schwiegen sie miteinander.

Ein paar Tage später standen sie nebeneinander auf der Spitze eines der Fjordhügel und schauten zur Meerenge hinüber, wo drei gestreifte Segel aufgetaucht waren. Der Wind war schwach, aber er kam von hinten und füllte die Segel, so daß die Männer nicht zu rudern brauchten. Langsam näherten sich die Schiffe der Heimat. Die Drachenköpfe waren von den Spitzen entfernt, um die Geister des Landes nicht zu reizen und um zu zeigen, daß die Schiffe in friedlicher Absicht kamen.

Arn und Asche standen dicht zusammen. Ohne daß sie darüber gesprochen hatten, war es dies, worauf sie den ganzen Sommer gewartet hatten. Es war unnatürlich für vierzehn- bis fünfzehnjährige Burschen, allein zu leben, und nur das Glück hatte ihnen geholfen durchzukommen.

Glück und Beständigkeit.

»Nun kommt Vater heim«, sagte Arn ruhig. »Dann kommt alles wieder in Ordnung, und du wirst frei. Richtig frei, meine ich. Aber Häuptling – das wirst du ja wohl niemals werden.«

Er sagte es fast entschuldigend.

»Häuptling!« Asche lächelte schief und schien das Wort zu schmecken. »Mir ist es egal, ob ich Häuptling werde. Das ist etwas, was man wird, weil es der eigene Vater auch ist oder weil man der Reichste oder der Mächtigste ist und weil man deswegen am meisten Gewalt hat. Aber ich werde Schmied. Und das ist etwas, was man wird, weil man was kann.«

Die beiden Freunde blickten einander einen kurzen Moment in die Augen. Dann schauten sie wieder zu den Schiffen hinaus, die langsam das Wasser des Fjords durchschnitten und sich der Küste näherten.